COZINHA RÁPIDA

30 minutos | 20 minutos | 10 minutos

COZINHA RÁPIDA

30 minutos | 20 minutos | 10 minutos

Massas irresistíveis

Receitas de Emma Lewis

PUBLIFOLHA

Título original: *Quickcook – Pasta*
Publicado originalmente no Reino Unido em 2012 pela Hamlyn,
uma divisão da Octopus Publishing Group Ltd. Endeavour House,
189 Shaftesbury Avenue Londres WC2H 8JY
www.octopusbooks.co.uk

COORDENAÇÃO DO PROJETO: PUBLIFOLHA
Editora-assistente: Fabiana Medina
Coordenação de produção gráfica: Mariana Metidieri
Produção gráfica: Rodrigo Andrade

Tradução: Sandra Pina
Consultoria: Diego Belda
Revisão: Eveline Bouteiller

EDIÇÃO ORIGINAL: OCTOPUS
Editora executiva: Eleanor Maxfield
Editora sênior: Leann Bryan
Editora de texto: Nikki Sims
Diretor de arte: Jonathan Christie
Design: www.gradedesign.com
Editores de arte: Juliette Norsworthy e Mark Kan
Direção de arte: Juliette Norsworthy e Tracy Killick
Fotógrafo: Craig Robertson
Consultora: Emma Lewis
Produção culinária: Isabel De Cordova
Produção: David Hearne

Dados Internacionais de Catalogação na Publicação (CIP)
(Câmara Brasileira do Livro, SP, Brasil)

Lewis, Emma
Massas / receitas de Emma Lewis ; [tradução Sandra Pina]. – São Paulo : Publifolha, 2012. – (Coleção cozinha rápida)

Título original: Quickcook pasta.
ISBN 978-85-7914-404-2

1. Culinária (Massas) 2. Receitas. I. Título. II. Série.

12-10369 CDD-641.822

Índices para catálogo sistemático:
1. Massas : Receitas culinárias : Economia doméstica 641.822

Este livro segue as regras do Acordo Ortográfico da Língua Portuguesa (1990), em vigor desde 1º de janeiro de 2009.

Impresso na Hung Hing, China.

PUBLIFOLHA
Divisão de Publicações do Grupo Folha
Al. Barão de Limeira, 401, 6º andar
CEP 01202-900, São Paulo, SP
Tel.: (11) 3224-2182/ 2187/ 2197
www.publifolha.com.br

Observações

Para servir pessoas com restrições alimentares, como alérgicos a oleaginosas, celíacos, gestantes, lactantes, convalescentes, idosos, bebês e crianças pequenas, deve-se atentar aos ingredientes indicados nas receitas.

O Ministério da Saúde adverte que ovos não devem ser consumidos crus.

Colheres de medida padrão são usadas em todas as receitas:

1 colher (sopa) = 15 ml
1 colher (chá) = 5 ml

Fornos devem ser preaquecidos até a temperatura especificada. Se estiver usando um forno com ventilação, siga as instruções do fabricante para ajuste de tempo e temperatura. Ovos devem ser médios, a não ser quando indicado.

Sumário

Introdução

30 20 10 – Rápido, Mais Rápido, Muito Rápido

Este livro traz uma abordagem nova e flexível para cozinheiros atarefados planejarem as refeições, o que permite a escolha da receita mais adequada à sua disponibilidade de tempo. Aqui você encontra 360 pratos que inspiram e motivam a cozinhar todos os dias do ano. O tempo de preparo de todas as receitas é de, no máximo, 30 minutos. Algumas podem ser feitas em 20 minutos, e outras levam apenas 10 minutos, muitas delas aproveitando ingredientes que já estão prontos. Com algum planejamento, você pode tentar uma nova opção a cada dia e, aos poucos, montar um amplo repertório culinário.

Como usar este livro?

No início de cada capítulo, há uma lista de receitas separadas por tempo de preparo. Escolha um prato de acordo com o tempo que você tem disponível e vá direto para a receita certa.

Cada página traz, no topo, a receita principal, acompanhada da foto na página ao lado. Abaixo, há sempre duas opções de receitas que trazem uma base similar de ingredientes, mas oferecem diferentes tempos de preparo.

Se você gostou da versão de 20 minutos do Espaguete com molho verde e frango grelhado, mas dispõe de apenas 10 minutos, pode preparar a Salada simples de penne com frango e molho verde.

Se você adora os ingredientes e sabores do Fiorelli com chouriço e pimentão vermelho, de 10 minutos, por que não tentar, em outra ocasião, algo mais substancial, como o Orzo à Paella de 20 minutos, ou uma versão mais elaborada, como o Fiorelli com molho de pimentão vermelho?

Quando quiser inspiração, passeie pelas 360 receitas deliciosas até encontrar algo que salte aos olhos.

Ou, para facilitar, consulte a galeria de fotos nas páginas 12 a 19 para ter uma visão por temas, tais como Delícias vegetarianas ou Banquetes de carne.

Cozinha Rápida – Massas irresistíveis

Reza a lenda que Marco Polo inventou o macarrão depois de experimentá-lo em suas viagens para a China e espalhou a notícia assim que retornou à Itália. É uma bela imagem, mas historiadores acreditam que os europeus desfrutam desse alimento há muito mais tempo, desde o Império Romano. Sem dúvida, sua popularidade se mantém por ser uma opção barata, rápida de fazer e por poder ser apreciada com uma infinidade de sabores diferentes. Mesmo na Itália, é possível encontrar diversas variações. Ao norte, a preferência recai sobre os molhos mais encorpados, como o famoso à bolonhesa ou o pesto genovês, enquanto na região central ela tende aos pratos como à carbonara ou matriciana. Ao sul, há opções de molhos mais leves à base de azeite, tomate e, com frequência, salpicados de vegetais e frutos do mar. O amor pela massa ultrapassou sua terra natal, a Itália, e se espalhou pelo mundo. Desde os novos clássicos, como o molho Alfredo ou o penne à vodca, criados nos EUA, aos sabores mais exóticos inspirados em pratos espanhóis ou mexicanos, até o clássico infantil macarrão com queijo, é possível degustar refeições rápidas e saborosas.

Técnicas e dicas

Como cozinhar massa

Para começar, é necessário providenciar uma panela bem grande. A massa precisa cozinhar em muita água: pelo menos 3 litros para 400 g. Caso contrário, não apenas não cozinhará por igual como também correrá o risco de ficar grudenta. Adicionar bastante sal é importante: a água deve lembrar o sabor do mar. Isso equivale a adicionar cerca de 1 colher (sopa) de sal à panela. Pode parecer muito, mas lembre-se de que a maior parte será escorrida, deixando a massa delicadamente temperada. É comum as pessoas colocarem um pouco de azeite na panela, mas, se o cozimento for feito da maneira correta, não será necessário.

Certifique-se de que a água está em fogo alto e ferveu totalmente. Coloque toda a porção de uma só vez para que cozinhe uniformemente. Mexa com uma colher de pau (ou semelhante) para evitar que grude, então deixe levantar fervura novamente. Cozinhe, mexendo de vez em quando e baixando um pouco o fogo se a água ameaçar transbordar. Comece a contar o tempo a partir do momento que a água voltar a ferver. O tempo de cozimento depende do tipo de massa e da marca. Massa fresca cozinha em questão de minutos, enquanto alguns tipos feitos com trigo de alta qualidade (grano duro) levam 15 minutos para atingir o ponto.

Como saber se está pronto?
É melhor experimentar a massa cerca de 2 minutos antes da sugestão da embalagem. Deve estar *al dente*, ou seja, macia e tenra, mas firme. Você não vai querer uma massa cozida demais e pastosa. Se não estiver pronta, seu interior ainda estará farinhento e terá um ligeiro sabor de farinha crua.

A etapa de escorrer
Tenha um escorredor à mão e, quando a massa estiver pronta, separe meia xícara da água (você pode precisar dela mais tarde quando adicionar o molho) e escorra imediatamente, mas não completamente: o cozimento continua, evaporando a água. A massa deve ficar ligeiramente úmida para facilitar a mistura do molho.

A finalização para servir
Algumas pessoas servem a massa e o molho separadamente, mas, para que os sabores se integrem, é preciso misturá-los. Coloque a massa de volta na panela e despeje o molho. Deve ser suficiente para cobrir, mas não afogar as unidades. Talvez seja preciso adicionar uma ou duas colheres (sopa) da água reservada do cozimento. Aqueça uma travessa e sirva imediatamente. Lembre-se: um fumegante prato de massa não espera por ninguém.

Ingredientes

Uma despensa bem abastecida é importante para qualquer cozinha, e vale a pena investir em uma boa lista quando tiver tempo. Os ingredientes a seguir são utilizados em algumas das receitas, em especial nas versões de 10 minutos, já que às vezes é possível comprar ingredientes "prontos", que são uma boa alternativa aos "feitos em casa", por um preço razoável.

O molho de tomate pronto, que pode ser usado como base ou sozinho, aparece nas listas de ingredientes de algumas receitas. Compre o melhor que puder, de preferência da seção de refrigerados ou orgânicos, sem conservantes. Filés de peito de frango vendidos já assados são uma alternativa razoavelmente barata e podem ser mantidos na geladeira por alguns dias. Com relação aos ingredientes para os molhos, castanhas cozidas e descascadas, encontradas em lojas especializadas, podem ser conservadas por longos períodos na despensa e são muito versáteis. Também encontradas em mercados, cebolas pré-cozidas ou assadas economizam tempo.

Quando a sugestão é sardela ou pesto e homus prontos, referimo-nos aos frescos, que podem ser comprados a granel em supermercados e rotisserias. Escolha o que preferir. Algumas vezes sugerimos o uso de torteloni ou nhoque prontos, assim como pimentões em conserva escorridos. Lentilhas a vapor ou em conserva podem acelerar o tempo de preparo e evitar a necessidade de demolha durante a noite. Sardinha e atum em lata são saborosos e excelentes bases para molhos.

Escolhendo a massa certa

Massa fresca ou seca? As pessoas costumam gastar mais dinheiro com a fresca, mas nem sempre ela é a melhor opção. Encontrar uma massa realmente fresca é um desafio, e fazê-la em casa consome muito tempo. Sendo assim, pode ser melhor escolher uma seca de boa qualidade. As italianas em geral são as melhores, provavelmente porque os fabricantes italianos seguem um rígido padrão de qualidade. Escolha uma massa que tenha 100% *grano duro* (o grão duro do trigo). Esse é um tipo de trigo de qualidade e faz o macarrão manter o formato, a textura e o sabor. A massa feita com esse tipo de farinha é diferente das outras porque tem a maleabilidade necessária para criar centenas de formatos diferentes. Além da massa comum, você também encontra a feita com ovos. Ela é mais suave e brilhante e combina melhor com os molhos amanteigados e cremosos do norte da Itália, enquanto a massa de puro trigo é mais adequada aos molhos à base de azeite, tradicionais do sul. Caso você conheça uma rotisseria que fabrica a própria massa, pode comprá-la fresca. Diferente da lasanha fresca empacotada, vendida em supermercados, a massa artesanal dura apenas um dia ou dois e é suave e maleável o suficiente para fazer seu próprio raviòli ou torteloni. É uma delícia: corte em tiras e use numa lasanha. Para quem prefere uma alimentação mais saudável, atualmente existe uma grande variedade de massas feitas com trigo integral. Elas são mais escuras e fabricadas a partir da farinha integral, que é mais saudável do que a farinha branca refinada, mas em geral levam mais tempo para cozinhar. Em lojas de alimentos naturais e nos setores especializados dos supermercados, também é possível encontrar massas sem glúten, que podem ser consumidas por quem tem alergia a trigo. Elas normalmente são feitas de farinha de arroz ou de milho. Se quiser variar, também é possível encontrar massas coloridas: massa verde de espinafre é a mais comum, mas a vermelha de beterraba também é muito boa, assim como a laranja de abóbora ou a preta, com tinta de lula.

Tipos de massa

Existe praticamente todo formato de massa que você possa imaginar: desde a rena (lançada na Europa para o Natal), passando pelas pequenas estrelas para sopa, até os clássicos como o espaguete. Via de regra, é possível dividir a massa em três tipos: massas recheadas (como o torteloni) e suas variações menores (como tortelini, ravióli e canelone), tubos longos ou curtos e massas chatas. Apesar de depender muito da preferência (ou do que se tem em casa), para obter um resultado melhor, deve-se tentar combinar o molho com a massa que estiver sendo usada. Como regra geral, tubos curtos e massa chata incorporam melhor sabores de molhos mais densos; tubos longos são mais indicados para molhos delicados e mais ralos. A forma mais conhecida é, sem dúvida, o espaguete, mas o linguine, mais grosso, ou o tagliatele chato e grosso, são tão populares quanto as fininhas, como o cabelo de anjo ou o capelini. Se quiser tentar algo diferente, procure o bucatini – tubos longos e ocos – ou o pappardele, que é chato e largo. O penne é um tubo curto muito popular, assim como o rigatoni (mais largo) ou o maccheroni, o predileto das crianças. Você também pode usar massas em formato de concha, como o conchiglie, ou tubos muito largos, como o tubeti. E ainda há o farfalle, que parece uma gravatinha, e o retorcido fusilli (que alguns conhecem como parafuso). Massas artesanais são mais populares por sua espessura irregular, e os discos planos são conhecidos como orecchiette.

Quantidade de massa

Não há uma determinação sobre a quantidade de massa a cozinhar. Na Itália, as massas são normalmente servidas como parte de uma refeição mais completa, enquanto em outros países são o prato principal. Uma regra de ouro é calcular cerca de 100 g de massa por pessoa no caso de ser o prato principal. As receitas deste livro são fáceis de aumentar ou diminuir de acordo com a quantidade de pessoas, ou acrescentando mais uma porção à panela, caso seus convidados pareçam com bom apetite. Por outro lado, se optar por massa fresca e seca, basta recalcular a quantidade. Será preciso usar mais massa fresca (aproximadamente, um terço a mais) para alcançar a mesma quantidade da porção industrializada.

Massas ao forno

Saudáveis, estes pratos deliciosos são as refeições mais aconchegantes.

Rigatoni com cogumelos picantes ao forno 52

Penne com frango, bacon e aspargos ao forno 86

Penne ao forno com tomate e muçarela de búfala 128

Lasanha de presunto e abobrinha 142

Rolinhos de pimentão vermelho e ricota 146

Spirali com brócolis e presunto ao forno 164

Fusilli com atum e milho ao forno 168

Canelone de espinafre e ricota 172

Penne com linguiça e espinafre ao forno 174

Maccheroni com molho três queijos e tomate 226

Canelone de gorgonzola e couve-flor 258

Maccheroni com camarão gratinado 266

Opções um pouco diferentes

Pratos com massa criativos e perfeitos para saborear no dia a dia.

Bolinhos de macarrão e bacon 32

Fettuccine com ervas e ovos fritos 38

Fritada cremosa de frango e alcachofra 62

Cabelo de anjo à espanhola 116

Farfalle com almôndegas de frango ao molho de pimentão vermelho 148

Espaguete com frutos do mar em molho cremoso 150

Frigideira de maccheroni com queijo 160

Lasanha aberta de abóbora e ricota 188

Aletria com lentilhas picantes 202

Tacconelli com creme de vodca e tomate 240

Massa com salmão e abobrinha 242

Ravioloni de batata-doce com manteiga de sálvia e amaretti 278

Sopas e saladas

Entradas, pratos principais e lanches leves e saudáveis.

Sopa de maccheroni, abobrinha e ervilha com pesto 24

Sopa picante de peixe 36

Salada grega de tomate, azeitonas, penne e feta 44

Salada de fusilli com salmão e molho de endro 48

Salada de orzo com ervas frescas 50

Salada de gigli com pimentão vermelho, rúcula e parmesão 64

Minestrone 132

Salada de trofie com tomate seco e rúcula 136

Sopa de tomate com macarrão de letrinhas 140

Sopa de farfalline com almôndegas de peru 182

Macarrão niçoise 190

Brodo light de mariscos e tomate 232

Incremente seu espaguete

A versão de 10 minutos é adaptável a todas as ocasiões

Espaguetine com manteiga de tomate e manjericão 68

Espaguete com pesto de agrião e gorgonzola 80

Espaguete com molho cremoso de anchovas, limão e rúcula 88

Espaguete com molho verde e frango grelhado 94

Espaguete à carbonara 130

Espaguete à bolonhesa fácil com linguiça 158

Espaguete com rúcula, pimenta e ricota 184

Espaguete com couve e gruyère 192

Espaguete com almôndegas de atum 206

Espaguete com pimentão vermelho e nozes 214

Espaguete com tamboril, mexilhões e erva-doce 248

Espaguete negro com lula 254

Peixe e frutos do mar

Uma variedade de pratos com peixe fresco para almoços e jantares.

Rigatoni com atum, feijão-branco e gremolata 70

Linguine com molho de frutos do mar e tomate 92

Conchiglie ao limão com atum e alcaparras 100

Bucatini com sardinha e erva-doce 112

Conchiglie de salmão e alho-poró 166

Nhoque com salmão ao molho de tomate e pimenta 218

Linguine com sashimi de atum e rúcula 234

Aletria com caranguejo 236

Robalo com salada morna de fregola e azeite de manjericão 252

Casareccia com salmão, rúcula e cebola roxa 268

Fettuccine cremoso com lagosta 270

Cannelli cremoso com tomate e camarão 274

Delícias de queijo

Massas e queijos formam uma dupla imbatível de sabor.

Espaguete com beterraba e queijo de cabra 26

Penne com brócolis e molho de gorgonzola 34

Reginette com queijo de cabra e ervas 46

Fusilli longo com berinjela e muçarela 82

Nhoque com molho cremoso de gorgonzola 106

Linguine com endívia, pancetta e mascarpone 108

Rigatoni com camarão, tomate e feta 110

Penne com batata-doce e espinafre 120

Macarrão aos quatro queijos com salada de agrião 134

Fusilli com ervilha, bacon e ricota 138

Conchiglie com espinafre e queijo de cabra 196

Raviòli de queijo de cabra e tomate seco com azeite de manjericão 244

Delícias vegetarianas

Pratos de massa sem carne, perfeitos para surpreender a família.

Sopa cremosa de conchinha e grão-de-bico 28

Linguine com alcachofra, azeitonas e limão 30

Tortelloni primavera com ricota 56

Tagliatelle com pimenta, alcaparras e croûtons de ciabatta 78

Fusilli longo com berinjela e muçarela 82

Tagliatelle com pesto e tomates assados 162

Brodo fresco com cebola caramelizada 180

Tagliatelle à bolonhesa de cogumelos 194

Fusilli com lentilhas, couve e cebola caramelizada 198

Farfalle primavera 208

Penne com brócolis assados, pimenta e alho 224

Cappellacci cremoso com aspargos 262

Banquetes de carne

Refeições deliciosas, perfeitamente balanceadas.

Porções leves

Listas de receitas por tempo de preparo

30

20

20 Sopa de maccheroni, abobrinha e ervilha com pesto

4 porções
1 colher (sopa) de azeite
1 cebola bem picada
50 ml de vinho branco seco
1,5 litro de caldo quente de frango
2 abobrinhas picadas
125 g de ervilhas congeladas
125 g de maccheroni (ou outra massa pequena e tubular para sopas)
25 g de creme de leite fresco
4 colheres (sopa) de pesto fresco
sal e pimenta-do-reino moída na hora
torradinhas, para servir

- Aqueça o azeite em uma panela, acrescente a cebola e refogue por 5 minutos, até ficar macia. Junte o vinho e deixe ferver até reduzir pela metade. Acrescente o caldo e mantenha em fogo brando por 5 minutos.
- Adicione as abobrinhas e cozinhe por 5 minutos, então acrescente as ervilhas e mantenha mais 2-3 minutos, até ficarem macias.
- Enquanto isso, cozinhe a massa em uma panela grande com água fervente e sal, conforme as instruções da embalagem, até ficar *al dente*. Escorra e acrescente à sopa com o creme de leite fresco e apure em fogo brando por 1 minuto.
- Ao servir, acrescente 1 colher (sopa) de pesto sobre cada porção. Sirva com muitas torradinhas.

---

10 Sopa rápida de farfalline, abobrinha e ervilha com pesto

Derreta um pouco de manteiga em uma panela, acrescente 3 cebolinhas picadas e refogue por 1 minuto, até ficarem macias. Despeje 1,5 litro de caldo quente de galinha sobre o refogado e adicione 2 abobrinhas picadas e 125 g de farfalline. Deixe ferver em fogo brando por cerca de 5 minutos, ou até cozinhar a massa. Adicione 125 g de ervilhas congeladas à panela, 2-3 minutos antes de terminar o cozimento, e cozinhe até ficarem macias. Sirva com o pesto salpicado.

30 Sopa de abobrinha, ervilha e macarrão com torradinhas de pesto

Faça a sopa como descrito acima. Enquanto isso, torre ligeiramente 25 g de avelãs. Coloque no processador ou no liquidificador com meia pimenta vermelha sem sementes e picada e um punhado de folhas de hortelã. Acrescente o suco e um pouco de raspas da casca de meio limão e bata. Adicione azeite extravirgem suficiente para fazer um pesto homogêneo. Torre quatro fatias de ciabatta, passe uma colher de pesto sobre cada uma e cerca de 75 g de queijo de cabra. Coloque a sopa em tigelas ou pratos fundos e sirva com as torradas.

20 Espaguete com beterraba e queijo de cabra

4 porções

15 g de manteiga
1 cebola fatiada bem fina
250 g de beterraba cozida e picada
125 ml de vinho branco seco
200 ml de caldo quente de frango ou de legumes
400 g de espaguete
75 g de queijo de cabra duro cortado em 4 fatias grossas
75 ml de creme de leite fresco com gotas de limão (sour cream)
sal e pimenta-do-reino moída na hora
endro picado, para decorar

- Aqueça a manteiga em uma panela grande, acrescente a cebola e refogue por 5 minutos, ou até ficar macia. Adicione a beterraba e o vinho e refogue por mais 5 minutos, ou até que o vinho reduza pela metade. Acrescente o caldo e deixe em fogo brando por 5 minutos.
- Enquanto isso, cozinhe o espaguete em uma panela grande com água fervente e sal, conforme as instruções da embalagem, até ficar *al dente*. Coloque as fatias de queijo de cabra em uma assadeira revestida com papel-manteiga. Asse em forno preaquecido por 3 minutos, ou até dourar.
- Coloque o sour cream na panela com a beterraba e tempere. Escorra o espaguete e divida em tigelas ou pratos. Acrescente o molho de beterraba, coloque uma fatia de queijo de cabra sobre cada porção e salpique endro.

---

10 Espaguete rápido com beterraba e queijo de cabra Cozinhe 400 g de espaguete, conforme as instruções da embalagem, até ficar *al dente*. Enquanto isso, bata 250 g de beterraba cozida picada e 125 g de queijo de cabra macio no processador ou liquidificador, até fazer um molho encorpado. Escorra o macarrão, reservando um pouco da água do cozimento, e retorne-o à panela. Misture o molho, adicionando um pouco da água reservada para soltar o espaguete, e sirva com parmesão fresco ralado.

---

30 Bolinhos de macarrão e beterraba com queijo de cabra Cozinhe 250 g de aletria, conforme as instruções da embalagem. Esfrie em água corrente e escorra. Rale 150 g de beterraba cozida em uma tigela grande e incorpore o macarrão e um ovo batido. Aqueça 1 colher (sopa) de azeite em uma frigideira antiaderente. Frite colheradas da mistura de aletria por 2 minutos, vire e frite por mais 2-3 minutos, até dourar. Retire da frigideira e mantenha os bolinhos aquecidos. Repita o processo com o restante da mistura, até formar oito porções. Em uma tigela, misture 100 g de agrião, 1 colher (sopa) de vinagre de xerez, 3 colheres (sopa) de azeite extravirgem e as raspas de meio limão. Coloque os bolinhos de macarrão sobre a salada e sirva com 75 g de queijo de cabra macio amassado por cima.

30 Sopa cremosa de conchinha e grão-de-bico

4 porções
2 colheres (sopa) de azeite
1 cebola picada
1 dente de alho amassado
folhas frescas de alecrim, ou uma pitada de alecrim desidratado
1 colher (chá) de purê de tomate
uma pitada de pimenta-calabresa em flocos, mais um pouco para finalizar
500 g de grão-de-bico escorrido
1,5 litro de caldo quente de frango
150 g de macarrão conchinha
sal e pimenta-do-reino moída na hora
salsa lisa picada, para finalizar
lascas de parmesão fresco, para servir

- Aqueça o azeite em uma panela grande, acrescente a cebola e o alho e refogue por 5 minutos, até ficarem macios. Acrescente o alecrim, o purê de tomate e os flocos de pimenta. Adicione o grão-de-bico e o caldo e deixe ferver em fogo brando por cerca de 12 minutos. Retire a panela do fogo.
- Com uma escumadeira, retire metade do grão-de-bico da panela e reserve. Usando um mixer, processe a mistura restante até formar um caldo homogêneo e tempere.
- Adicione o macarrão e o grão-de-bico reservado à sopa, retorne ao fogo e cozinhe por mais 5-7 minutos, ou até o macarrão atingir o ponto.
- Distribua em tigelas ou pratos fundos e sirva com salsa picada, lascas de parmesão e pimenta-calabresa em flocos.

---

10 **Sopa rápida de conchinha e grão-de-bico** Coloque 150 g de conchinha, 500 g de grão-de-bico escorrido e 1,5 litro de caldo quente de frango em uma panela grande e mantenha em fogo brando por 8 minutos, até cozinhar o macarrão. Imediatamente antes de servir, misture 5 colheres (sopa) de sardela e salpique bastante salsa lisa.

20 **Sopa de conchinha, grão-de-bico e legumes com molho de alecrim** Refogue a cebola e o alho como indicado acima, adicionando 1 talo de aipo picado e 1 cenoura descascada e picada. Misture o alecrim, o purê de tomate, a pimenta-calabresa em flocos, o grão-de-bico e o caldo, como acima, e deixe ferver em fogo brando por cerca de 12 minutos. Coloque o macarrão na panela 7 minutos antes de finalizar o cozimento. Enquanto isso, coloque as folhas de 2 ramos de alecrim, um pequeno punhado de salsa lisa e 1 dente de alho picado no processador. Adicione uma boa porção de suco de limão e azeite extravirgem suficiente para fazer um molho. Quando o macarrão estiver cozido, distribua em tigelas ou pratos fundos e adicione o molho de alecrim para servir.

10 Linguine com alcachofra, azeitonas e limão

4 porções
325 g de linguine
125 g de corações de alcachofra em conserva escorridos
3 colheres (sopa) de azeite extravirgem
suco e raspas de 1 limão
75 g de azeitonas pretas
sal e pimenta-do-reino moída na hora
salsa lisa picada, para finalizar
lascas de parmesão fresco, para servir

- Cozinhe o linguine em uma panela grande com água fervente e sal, conforme as instruções da embalagem, até ficar *al dente*. Escorra, reservando um pouco da água do cozimento.
- Retorne o linguine à panela e misture com os ingredientes restantes, adicionando um pouco da água reservada para soltar a massa, se necessário, e tempere.
- Distribua em tigelas ou pratos e sirva com salsa picada e lascas de parmesão.

20 Linguine com frango ao limão, alcachofra e azeitonas Aqueça um pouco de azeite em uma frigideira. Adicione 2 peitos de frango desossados e quatro fatias de bacon picadas e refogue por 12-15 minutos, virando o peito de frango uma vez durante o processo. Acrescente 2 cebolinhas picadas e mantenha por mais 2 minutos, até ficarem macias. Enquanto isso, cozinhe o linguine como acima. Retire o frango da frigideira, descarte a pele e corte em pedaços pequenos, ideais para uma garfada. Retorne o frango já cortado para a frigideira, adicione as alcachofras e as azeitonas como acima, o suco de limão e 3 colheres (sopa) de creme de leite fresco e aqueça. Escorra a massa e retorne-a à panela. Misture o molho do frango e um punhado de salsa lisa picada. Sirva imediatamente.

30 Fritada de alcachofra, azeitonas e limão Cozinhe 200 g de penne, conforme as instruções da embalagem, até ficar *al dente*. Esfrie sob água corrente e escorra. Retorne a massa à panela e misture com 6 ovos batidos, 125 g de corações de alcachofra em conserva escorridos e 75 g de azeitonas pretas. Adicione um punhado de folhas de hortelã picadas e as raspas de 1 limão. Aqueça um pouco de azeite em uma frigideira grande. Despeje a mistura e frite em fogo baixo por 15 minutos, até atingir o ponto (talvez seja preciso finalizar no forno). Corte em fatias e sirva.

30 Bolinhos de macarrão e bacon

4 porções
6 fatias de bacon
325 g de espaguete instantâneo
5 ovos batidos
125 ml de creme de leite
50 g de gruyère ralado
salsa lisa picada, para finalizar
manteiga, para untar
sal e pimenta-do-reino moída na hora

- Coloque o bacon em uma grelha preaquecida por 7 minutos, até fritar bem. Esfrie e corte em pedaços pequenos.
- Enquanto isso, cozinhe o espaguete em uma panela grande com água fervente e sal, conforme as instruções da embalagem, até ficar *al dente*. Esfrie em água corrente e escorra. Corte em pedaços de 2,5 cm.
- Misture os ovos, o creme de leite e a maior parte do gruyère em uma tigela grande e tempere bem. Acrescente o espaguete picado e o bacon.
- Unte uma assadeira de muffins. Coloque um pouco da mistura em cada cavidade, quase até a borda. Salpique o queijo restante e leve ao forno preaquecido a 200 °C por 15-20 minutos, ou até atingir o ponto. Sirva com salsa salpicada.

10 Espaguete simples com bacon e croûtons Grelhe quatro fatias de bacon, como indicado acima, e corte em pedaços pequenos. Enquanto isso, cozinhe o espaguete. Aqueça um pouco de azeite na frigideira, acrescente 25 g de pão branco fresco picado e frite até ficar crocante. Escorra o espaguete e retorne-o para a panela. Misture o bacon, 3 colheres (sopa) de creme de leite fresco e um punhado de folhas de manjericão picadas. Salpique os croûtons e sirva.

20 Espaguete com cebola caramelizada e presunto cru Aqueça um pouco de azeite em uma frigideira, acrescente 1 cebola e 1 dente de alho, ambos fatiados, e refogue em fogo baixo por 15-20 minutos, até ficarem macios e dourados. Enquanto isso, cozinhe o espaguete. Escorra bem e retorne-o à panela. Misture à cebola na frigideira 2 colheres (sopa) de creme de leite fresco e quatro fatias de presunto cru em pequenas tiras e incorpore ao espaguete. Sirva imediatamente.

10 Penne com brócolis e molho de gorgonzola

4 porções

325 g de penne
1 maço pequeno de brócolis cortado em pequenos buquês
150 g de gorgonzola cremoso
50 ml de creme de leite fresco
sal e pimenta-do-reino moída na hora

- Cozinhe o penne em uma panela grande com água fervente e sal, conforme as instruções da embalagem, até ficar *al dente*. Adicione os brócolis 5 minutos antes de finalizar o cozimento.
- Enquanto isso, coloque o queijo em uma tigela, amasse até ficar cremoso e misture com o creme de leite fresco.
- Escorra o penne com os brócolis, reservando um pouco da água do cozimento, e retorne-os à panela. Incorpore a mistura do queijo, adicionando um pouco da água reservada para afinar o molho, se necessário. Tempere bem e sirva imediatamente.

---

20 Penne ao molho de gorgonzola com brócolis e presunto cozido Pincele azeite em duas fatias grossas de presunto cozido e grelhe em chapa preaquecida por 5-7 minutos de cada lado. Deixe esfriar e corte em tiras. Enquanto isso, faça a receita como indicado acima, acrescentando as tiras de presunto ao penne com o molho de queijo. Sirva imediatamente.

30 Penne gratinado com brócolis e molho de gorgonzola Cozinhe 400 g de penne e brócolis conforme indicado acima. Enquanto isso, derreta 50 g de manteiga em uma panela e misture 50 g de farinha de trigo para fazer uma pasta suave. Deixe até dourar e, aos poucos, misture 500 ml de leite com um batedor e ferva em fogo brando por 5-10 minutos, até engrossar. Acrescente 125 g de gorgonzola picado. Escorra o penne com brócolis e misture ao molho de queijo. Coloque em uma travessa refratária e salpique 125 g de muçarela ralada. Leve ao forno médio preaquecido por 5-10 minutos, até ficar cozido e gratinado.

20 Sopa picante de peixe

4 porções

2 colheres (sopa) de azeite
1 dente de alho fatiado
1 pimenta vermelha sem sementes (se preferir) e bem picada, mais algumas fatias para finalizar (opcional)
½ colher (chá) de cominho em pó
1 colher (chá) de páprica
1,5 litro de caldo quente de peixe
400 g de peixe branco, como bacalhau ou hadoque, sem pele, sem espinha, cortado em cubos
150 g de macarrão stelline (em forma de estrela)
suco de ½ limão
sal e pimenta-do-reino moída na hora
ramos de coentro, para finalizar

- Aqueça o azeite em uma panela grande, acrescente o alho e a pimenta e refogue por 30 segundos, até começar a dourar. Adicione o cominho e a páprica e despeje o caldo.
- Deixe levantar fervura e reduza o fogo; tempere, acrescente o peixe e deixe ferver em fogo brando por 5 minutos.
- Acrescente o macarrão e mantenha por mais 7-10 minutos, até que o peixe e o macarrão estejam no ponto.
- Distribua em tigelas ou pratos fundos e regue com o suco de limão para dar sabor. Sirva com raminhos de coentro e pimenta fatiada, se preferir.

---

10 Sopa picante de tomate e camarão Coloque 300 ml de molho de tomate pronto e 750 ml de caldo quente de peixe em uma panela e deixe levantar fervura. Adicione a pimenta, os temperos e o macarrão stelline como indicado acima e deixe ferver em fogo brando por cerca de 7 minutos, até cozinhar o macarrão. Acrescente 150 g de camarões descascados e cozidos 2 minutos antes de finalizar o cozimento. Sirva imediatamente.

---

30 Bacalhau picante assado com linguine e ervas Pincele azeite em quatro filés grossos de bacalhau ou de outro peixe branco, coloque em uma travessa refratária, salpique páprica e cominho e reserve por 5 minutos. Asse em forno preaquecido a 190 °C por 10-15 minutos, ou até atingir o ponto. Enquanto isso, cozinhe 300 g de linguine, conforme as instruções da embalagem, até ficar *al dente*. Esfrie o macarrão em água corrente, escorra e retorne à panela. Incorpore cerca de 3 colheres (sopa) de azeite extravirgem, um pouco de suco de limão, 1 dente de alho amassado e um punhado de folhas picadas de hortelã e coentro. Sirva com o peixe assado.

10 Fettuccine com ervas e ovos fritos

4 porções

300 g de fettuccine
15 g de parmesão fresco ralado, mais um pouco para finalizar
um punhado de salsa lisa picada, mais um pouco para finalizar
3 colheres (sopa) de azeite
1 dente de alho bem picado
4 ovos
uma pitada de pimenta-calabresa em flocos
sal e pimenta-do-reino moída na hora

- Cozinhe o fettuccine em uma panela grande, com água fervente e sal, conforme as instruções da embalagem, até ficar *al dente*. Escorra, reservando um pouco da água do cozimento, e retorne a massa à panela. Misture o parmesão, a salsa e um pouco da água reservada para soltar. Tempere bem.
- Enquanto isso, aqueça o azeite em uma frigideira grande antiaderente, acrescente o alho e refogue por alguns segundos. Em seguida, frite os ovos na frigideira. Deixe por 3 minutos, de modo que as claras fiquem firmes, mas as gemas permaneçam moles.
- Distribua o fettuccine em tigelas ou pratos e, sobre cada porção, coloque um ovo frito. Salpique a pimenta-calabresa, a salsa picada e o parmesão fresco ralado.

---

20 Fettuccine com aspargos, ervas e ovos fritos Pincele um pouco de azeite em 150 g de aspargos e grelhe em chapa preaquecida por cerca de 5 minutos, virando-os uma vez, até ficarem ligeiramente dourados. Corte em pedaços pequenos. Cozinhe e escorra o fettuccine como indicado acima. Enquanto isso, aqueça um pouco de azeite em uma frigideira e frite 4 ovos de codorna por 2 minutos. Misture o aspargo e um punhado de salsa picada à massa e sirva com os ovos fritos e o parmesão fresco ralado.

---

30 Fettuccine com salsicha, ovos fritos e ervas Aqueça um pouco de azeite em uma frigideira grande, adicione 6 salsichas e frite em fogo médio por 20 minutos. Retire-as da frigideira, deixe esfriar ligeiramente e fatie. Adicione um punhado de cogumelos paris limpos cortados ao meio e deixe por mais 1-2 minutos.
Em seguida, acrescente 100 g de tomates-cereja e refogue até começarem a amolecer.
Enquanto isso, cozinhe o fettuccine e frite 4 ovos como descrito acima. Escorra a massa e misture com as salsichas, os cogumelos e os tomates. Sirva com um ovo frito em cada porção, salpicado com salsa e parmesão fresco ralado na hora.

10 Tagliatelle ao azeite aromatizado com alho

4 porções

125 ml de azeite extravirgem
2 dentes de alho fatiados
½ pimenta vermelha sem sementes (se preferir) e picada
325 g de tagliatelle de espinafre e ovos
sal e pimenta-do-reino moída na hora
folhas de manjericão, para finalizar

- Coloque o azeite em uma frigideira pequena, acrescente o alho e refogue em fogo baixo por 7 minutos, ou até que o alho comece a dourar. Retire do fogo e adicione a pimenta.
- Enquanto isso, cozinhe o tagliatelle em uma panela grande com água fervente e sal, conforme as instruções da embalagem, até ficar *al dente*.
- Escorra o tagliatelle, reservando um pouco da água do cozimento. Bata 2 colheres (sopa) da água reservada com o azeite aromatizado para fazer um molho suave. Depois tempere e incorpore à massa, acrescentando um pouco mais de água, se for preciso.
- Distribua as porções nos pratos, salpique folhas de manjericão e sirva.

20 Tagliatelle com molho de alho assado

Coloque 8 dentes de alho com casca em uma pequena assadeira e regue com 2 colheres (sopa) de azeite. Asse em forno preaquecido a 160 °C por cerca de 15 minutos, ou até ficarem macios. Esprema o alho da casca e amasse a polpa com 3 colheres (sopa) de creme de leite em uma tigela. Enquanto isso, cozinhe e escorra o tagliatelle como descrito acima. Misture o molho de alho, acrescentando um pouco da água do cozimento da massa para soltar, se necessário, e sirva polvilhado com parmesão ralado na hora.

30 Tagliatelle na cebola com alho

Aqueça um pouco de azeite em uma frigideira, acrescente uma cebola fatiada e refogue em fogo baixo por 20-25 minutos, até ficar macia e dourada. Enquanto isso, aqueça uma colher bem cheia de manteiga em uma panela, adicione 3 dentes de alho, 1 alho-poró limpo, 1 cebola roxa e 3 cebolinhas, todos bem fatiados. Refogue por cerca de 5 minutos, até ficarem macios. Acrescente 75 ml de caldo de galinha e deixe ferver por 5 minutos, até que o líquido tenha evaporado quase todo. Enquanto isso, cozinhe e escorra o tagliatelle conforme indicado acima. Junte a mistura de cebola com alho e a cebola dourada e sirva com cebolinha picada e queijo pecorino ralado na hora.

20 Bolinhos de macarrão com ovos mexidos e salmão

4 porções

300 g de aletria (ou cabelo de anjo)
1 colher (chá) de azeite, mais um pouco para fritar
4 ovos
3 colheres (sopa) de mascarpone
um punhado de parmesão ralado na hora
4 fatias de salmão defumado cortadas em tiras finas
sal e pimenta-do-reino moída na hora
cebolinhas-francesas fatiadas bem finas, para finalizar

- Cozinhe a aletria em uma panela grande, com água fervente e sal. Esfrie a massa em água corrente e escorra. Coloque em uma tigela e adicione uma colher (chá) de azeite. À parte, bata ligeiramente 1 ovo e misture cuidadosamente na aletria.
- Faça bolinhos com cerca de 3 cm de largura com a massa. Unte uma frigideira com azeite e frite de ambos os lados 4 bolinhos por 2 minutos, achatando-os com uma colher, até dourarem. Retire da frigideira e mantenha-os aquecidos. Repita o processo com o restante, totalizando cerca de 12 bolinhos.
- Quebre 3 ovos em uma frigideira pequena, junte o mascarpone e deixe em fogo baixo por alguns minutos. Quando começar a atingir o ponto, mexa suavemente por mais 3-5 minutos, até ficar cremoso. Adicione o parmesão e tempere bem. Disponha 3 bolinhos em cada prato, acrescente o ovo mexido e tiras de salmão defumado. Sirva salpicado com cebolinha-francesa.

---

10 Carbonara fácil com salmão

Cozinhe 400 g de aletria. Enquanto isso, misture em uma tigela 2 colheres (sopa) de mascarpone e 1 ovo batido. Escorra o macarrão, reserve um pouco da água e retorne-o à panela. Incorpore a mistura de ovo e quatro fatias de salmão defumado cortadas em tiras, adicionando a água reservada para soltar o macarrão, se necessário. Sirva com uma colherada de mascarpone sobre cada porção e salpique cebolinha-francesa.

30 Salmão grelhado com linguine cremoso e aspargos

Em uma panela, ferva o suco e as raspas de 1 limão, 250 ml de vinho branco seco e uma folha de louro em fogo médio por 5-10 minutos, até reduzir. Misture 250 ml de creme de leite fresco e deixe mais 5-10 minutos, até reduzir mais. Mantenha aquecido. Moa bastante pimenta-do-reino sobre 4 filés finos de salmão. Aqueça um pouco de azeite em uma frigideira grande, acrescente o salmão e frite por 5 minutos de cada lado, até que esteja no ponto e solte as lascas facilmente. Enquanto isso, cozinhe 300 g de linguine até ficar *al dente*. Adicione 150 g de aspargos 3 minutos antes de finalizar o cozimento. Passe o molho pela peneira, tempere e misture 1 gema e um punhado de cebolinha-francesa picada. Escorra o linguine com aspargos e retorne-os à panela. Incorpore o molho e sirva com o salmão.

30 Salada grega de tomate, azeitonas, penne e feta

4 porções

250 g de tomates-cereja cortados ao meio
4 colheres (sopa) de azeite extravirgem
1½ colher (sopa) de vinagre de vinho branco
1 colher (chá) de orégano, mais um pouco para finalizar
1 colher (chá) de açúcar
250 g de penne
¼ pepino em cubos
75 g de azeitonas pretas pequenas
75 g de queijo feta amassado
sal e pimenta-do-reino moída na hora

- Em uma tigela, misture os tomates e 2 colheres de azeite e coloque em uma assadeira. Regue com uma colher (sopa) de vinagre, acrescente o orégano e o açúcar e tempere bem. Asse em forno preaquecido a 160 °C por 20 minutos, ou até começar a murchar. Deixe esfriar ligeiramente.
- Enquanto isso, cozinhe o penne em uma panela grande com água fervente e sal, conforme as instruções da embalagem, até ficar *al dente*. Esfrie a massa em água corrente e escorra. Distribua as porções nos pratos e regue com o azeite e o vinagre restantes.
- Misture o pepino, as azeitonas e os tomates assados. Incorpore tudo ao penne e adicione o feta. Salpique mais um pouco de orégano para servir.

---

10 Salada rápida de penne, azeitonas, rúcula e feta Cozinhe 300 g de penne fresco, conforme as instruções da embalagem, até ficar *al dente*, depois escorra como descrito acima. Misture em uma travessa 75 g de folhas de rúcula, 75 g de azeitonas pretas picadas, um pouco de suco de limão e 1 colher (sopa) de azeite extravirgem. Salpique 75 g de feta amassado para servir.

20 Penne com azeitonas, tomate e feta assado Aqueça um pouco de azeite em uma panela, adicione 1 cebola picada e 2 dentes de alho bem picados. Frite até ficarem macios. Acrescente 75 g de azeitonas pretas picadas e frite por mais 1-2 minutos. Coloque na panela 400 g de tomates-cereja e deixe ferver. Reduza o fogo e mantenha por 12 minutos, até engrossar o molho. Enquanto isso, cozinhe 300 g de penne como descrito acima. Em uma assadeira, coloque 200 g de feta sobre o papel-manteiga. Regue com azeite e salpique 1 colher (chá) de orégano. Embrulhe o queijo no papel-manteiga e asse em forno preaquecido a 200 °C por 10 minutos, ou até ficar macio. Retire do papel e corte em fatias grossas. Escorra o penne e retorne-o à panela. Misture o molho de tomate e sirva com o queijo assado por cima.

10 Reginette com queijo de cabra e ervas

4 porções

325 g de massa reginette fresca (ou pappardelle, ou outra massa mais grossa)
150 g de queijo de cabra macio
um punhado de folhas de manjericão picadas, mais um pouco para servir (opcional)
um punhado de salsa lisa picada, mais um pouco para servir (opcional)
um punhado de folhas de hortelã picadas, mais um pouco para servir (opcional)
sal e pimenta-do-reino moída na hora

- Cozinhe a massa em uma panela grande com água fervente e sal, conforme as instruções da embalagem, até ficar *al dente*.
- Enquanto isso, amasse o queijo de cabra em uma tigela, junte as ervas e tempere levemente.
- Escorra a massa, reservando um pouco da água do cozimento, e retorne à panela. Incorpore a mistura de queijo, adicionando um pouco da água reservada para soltar a massa, se necessário. Divida em tigelas ou pratos e sirva salpicada com as ervas, se preferir.

---

20 Reginette com queijo de cabra, ervas e croûtons Coloque 50 g de ciabatta no processador ou liquidificador e triture para esfarelar. Coloque os farelos em uma tigela e misture com 2 colheres (sopa) de azeite e 1 dente de alho amassado. Leve a mistura ao forno preaquecido em uma assadeira e toste por 2-3 minutos, virando com frequência, até dourar por inteiro. Faça a receita como descrita acima e polvilhe os croûtons aromatizados com alho para servir.

---

30 Reginette ao molho de tomate e manjericão com queijo de cabra Aqueça 2 colheres (sopa) de azeite em uma panela, acrescente 3 dentes de alho fatiados e refogue até ficarem macios. Adicione 2 latas de tomates pelados picados e mantenha por 25 minutos em fogo brando, até apurar o molho. Tempere bem e misture um punhado de manjericão picado. Enquanto isso, cozinhe e escorra o reginette como acima. Incorpore o molho de tomate e manjericão e sirva com 150 g de queijo de cabra macio amassado.

10 Salada de fusilli com salmão e molho de endro

4 porções
350 g de fusilli fresco
2 cebolinhas fatiadas
¼ pepino picado
150 g de salmão defumado cortado em tiras

Para o molho de endro
75 g de creme de leite fresco
4 colheres (sopa) de maionese
um punhado de endro picado
sal e pimenta-do-reino moída na hora

- Cozinhe o fusilli em uma panela grande com água fervente e sal, conforme as instruções da embalagem, até ficar *al dente*. Esfrie em água corrente e escorra.
- Para fazer o molho, misture o iogurte, a maionese e o endro em uma tigela e tempere.
- Coloque o penne em uma travessa e misture a cebolinha, o pepino, o salmão defumado e o molho de endro.

---

20 Fusilli de verão com salmão escaldado e endro Fatie um bulbo de erva-doce e coloque em uma panela com uma posta de salmão de 400 g. Regue com 100 ml de vinho branco seco, caldo de peixe suficiente para cobrir o salmão e uns dois ramos de endro. Deixe ferver em fogo brando por 10-12 minutos, até que o peixe esteja no ponto e suas lascas soltem com facilidade. Retire o peixe e a erva-doce com uma escumadeira. Desfie o salmão em lascas grandes, removendo a pele e a espinha, e mantenha-o aquecido com a erva-doce. Ferva o caldo remanescente, reduzindo-o até 75 ml, e misture 3 colheres (sopa) de creme de leite fresco. Enquanto isso, cozinhe e escorra o fusilli conforme acima. Incorpore o molho, a erva-doce e o salmão. Salpique um pouco de endro e sirva imediatamente.

---

30 Fritada de salmão e endro Cozinhe 300 g de espaguete, conforme as instruções da embalagem, até ficar *al dente*. Esfrie o macarrão em água corrente e escorra. Coloque em uma tigela grande e misture com 6 ovos, 150 g de salmão defumado cortado em tiras e uma boa porção de endro picado. Aqueça uma frigideira, adicione 3 colheres (sopa) de azeite e despeje a mistura de macarrão. Frite em fogo baixo por 15 minutos, ou até atingir o ponto. Corte em fatias, salpique endro e sirva com uma boa porção de mascarpone.

20 Salada de orzo com ervas frescas

4 porções

200 g de orzo (ou risoni)
5 colheres (sopa) de azeite extravirgem
suco de ½ limão
2 cebolinhas picadas
¼ pepino picadinho
150 g de tomates picados
um punhado grande de salsa lisa picada
um punhado pequeno de folhas de hortelã picadas
sal e pimenta-do-reino moída na hora

- Cozinhe o orzo em uma panela grande com água fervente e sal, conforme as instruções da embalagem. Esfrie em água corrente e escorra.
- Coloque em uma travessa, incorpore o azeite e o suco de limão e tempere. Misture aos ingredientes restantes e sirva.

---

10 Orzo simples com ervas e limão Cozinhe o orzo como acima. Escorra e retorne à panela. Misture 25 g de manteiga, as ervas picadas e um pouco de suco de limão. Sirva imediatamente.

---

30 Salada do Oriente Médio com orzo e ervas frescas Faça a salada de massa como descrito acima, adicione um punhado de azeitonas pretas picadas e arrume sobre a alface-romana picada. Corte horizontalmente 2 pães pita (eles devem ficar muito finos), fatie e coloque em uma assadeira. Regue com azeite e polvilhe páprica. Asse em forno preaquecido a 190 °C por 5-10 minutos, até ficar crocante. Deixe esfriar antes de quebrar em pedacinhos e espalhar sobre a salada para servir.

10 Rigatoni com cogumelos picantes ao forno

2 porções

300 g de rigatoni fresco
2 colheres (sopa) de azeite
1 dente de alho fatiado fino
½ pimenta vermelha sem sementes (se preferir) e picada
150 g de cogumelos variados, de preferência selvagens, limpos e cortados ao meio, se forem grandes
raspas da casca de 1 limão
um punhado de salsa lisa picada
sal e pimenta-do-reino moída na hora
parmesão fresco ralado na hora, para servir

- Cozinhe o rigatoni em uma panela grande com água fervente e sal, conforme as instruções da embalagem, até ficar *al dente*.
- Enquanto isso, aqueça o azeite em uma frigideira, adicione o alho, a pimenta e os cogumelos e refogue por alguns minutos, até os cogumelos ficarem ligeiramente corados. Tempere bem.
- Escorra o rigatoni e retorne-o à panela. Incorpore a mistura de cogumelos e a maior parte das raspas de limão e da salsa, reservando um pouco para finalizar.
- Asse em forno preaquecido a 200 °C por 15 minutos, ou até dourar, borbulhar e ficar no ponto.
- Para servir, salpique o restante das raspas de limão e da salsa e o parmesão fresco.

---

20 Rigatoni com cogumelos assados Coloque 4 cogumelos selvagens limpos em uma travessa refratária. Acrescente 25 g de manteiga, tempere bem e salpique folhas de tomilho. Asse em forno preaquecido a 180 °C por 15 minutos. Retire do forno e pique os cogumelos. Enquanto isso, cozinhe 200 g de rigatoni seco, conforme as instruções da embalagem, até ficar *al dente*. Escorra o rigatoni e retorne-o à panela. Misture os cogumelos picados e um pouco de suco de limão. Sirva imediatamente.

---

30 Rigatoni com cogumelos e molho de gorgonzola Aqueça uma porção de manteiga e 1 colher (sopa) de azeite em uma frigideira. Adicione meia cebola em fatias grossas e refogue por 20 minutos, até amolecer completamente. Acrescente 75 g de cogumelos selvagens variados, limpos e cortados ao meio (se forem grandes) e refogue por mais 3-5 minutos, até ficarem macios. Em uma tigela, amasse 60 g de gorgonzola até quase ficar pastoso e incorpore aos cogumelos na frigideira. Adicione 50 ml de creme de leite fresco e aqueça. Enquanto isso, cozinhe 200 g de rigatoni seco, conforme as instruções da embalagem, até ficar *al dente*. Escorra o rigatoni e retorne-o à panela. Incorpore o molho e salpique salsa para servir.

10 Orecchiette com molho cremoso de nozes

4 porções

300 g de orecchiette fresco
sal e pimenta-do-reino moída na hora
folhas de manjericão picadas, para finalizar

Para o molho cremoso de nozes

150 g de nozes
50 ml de creme de leite fresco
1 dente de alho amassado
25 g de parmesão fresco ralado na hora, mais um pouco para servir

- Cozinhe o orecchiette em uma panela grande com água fervente e sal, conforme as instruções da embalagem, até ficar *al dente*.
- Enquanto isso, prepare o molho. Coloque as nozes em uma frigideira e toste por alguns minutos, salteando de vez em quando, até ficarem douradas. Reserve uma parte das nozes para finalizar e coloque o restante no processador. Adicione o creme de leite, o alho e o parmesão e bata até formar uma pasta homogênea.
- Escorra a massa, reservando um pouco da água do cozimento, e retorne à panela. Incorpore o molho de nozes, adicionando um pouco da água reservada para soltar, se necessário. Tempere bem.
- Divida em tigelas ou pratos e sirva salpicado com as nozes reservadas, o manjericão e o parmesão extra.

---

20 Orecchiette com nozes, rúcula e croûtons Bata 75 g de ciabatta em um processador até esmigalhar. Amoleça metade dos farelos em 50 ml de creme de leite fresco por 5-10 minutos. Faça o molho como acima, adicionando os farelos amolecidos. Mergulhe o restante em um pouco de azeite e torre na frigideira, até ficarem crocantes. Enquanto isso, cozinhe e escorra o orecchiette como acima. Incorpore o molho de nozes, adicionando um pouco da água de cozimento para soltar a massa, se necessário. Tempere, acrescente um punhado de folhas de rúcula e finalize com os croûtons.

30 Orecchiette com frango crocante e nozes Cozinhe 300 g de orecchiette seco, conforme as instruções da embalagem, até ficar *al dente*. Faça o molho conforme acima, adicionando 5 colheres (sopa) de caldo de frango para deixar mais ralo. Passe para uma panela grande e aqueça. Fatie dois filés de peito de frango grelhados (comprados prontos), descartando a pele, e misture no molho. Escorra o orecchiette e incorpore ao molho com 2 cebolinhas fatiadas, uma pitada de páprica e um pouco de endro picado. Passe tudo para uma travessa refratária grande. Cubra com 50 g de migalhas frescas de pão branco, regue com azeite e asse em forno médio preaquecido por 5-10 minutos, ou até ficar no ponto.

10 Tortelloni primavera com ricota

2 porções

250 g de tortelloni de espinafre e ricota
75 g de favas congeladas
75 g de ervilhas congeladas
raspas de 1 limão
1 colher (sopa) de azeite extravirgem
50 g de ricota
sal
um punhado de folhas de hortelã picadas, para finalizar

- Cozinhe o tortelloni em uma panela grande com água fervente e sal, conforme as instruções da embalagem. Adicione as favas 3-4 minutos, e as ervilhas 2-3 minutos antes de finalizar o cozimento. Escorra a massa com os legumes e retorne tudo à panela.
- Incorpore as raspas de limão e o azeite. Distribua em tigelas ou pratos e sirva com ricota e salpicado de hortelã.

20 Tortelloni com pancetta e ricota

Aqueça um pouco de azeite em uma frigideira, adicione 2 cebolinhas fatiadas e cozinhe até ficarem macias. Acrescente 100 g de pancetta em cubos e refogue por mais 7-10 minutos, até ficarem ligeiramente dourados, misture um pouco de vinho branco seco e deixe até reduzir. Enquanto isso, cozinhe e escorra o tortelloni. Incorpore a pancetta e sirva com ricota e hortelã, como acima.

30 Tortelloni gratinado com tomate e ricota

Tortelloni gratinado com tomate e ricota Cozinhe 250 g de tortelloni por 1 minuto a menos do que o indicado nas instruções da embalagem. Escorra bem e disponha metade no fundo de uma travessa refratária. Cubra com 75 ml de molho de tomate pronto e 50 g de ricota. Adicione mais uma camada de tortelloni e de molho de tomate. Finalize com 75 g de ricota, 50 g de muçarela fatiada e um pouco de parmesão fresco ralado. Asse em forno preaquecido a 190 °C por 15-20 minutos, até dourar.

20 Tortiglioni com bacon, tomate e maionese de mascarpone

4 porções

1 colher (sopa) de azeite
4 fatias de bacon
150 g de tomates-cereja
325 g de tortiglioni (ou penne)
50 g de folhas de rúcula

Para a maionese de mascarpone

1 gema
125 g de mascarpone
50 ml de azeite extravirgem
15 g de parmesão fresco ralado na hora
sal e pimenta-do-reino moída na hora

- Unte a frigideira com azeite, preaqueça em temperatura média, coloque o bacon e frite por 5-7 minutos, até começar a ficar crocante. Adicione os tomates, salteie e tempere. Deixe refogar por mais 5 minutos, ou até o bacon ficar no ponto, e os tomates, ligeiramente murchos. Enquanto isso, cozinhe a massa em uma panela com água fervente e sal até ficar *al dente*.
- Para fazer a maionese de mascarpone, bata a gema e o mascarpone no processador. Adicione o azeite, um pouco de cada vez, até alcançar a textura de maionese. Acrescente o parmesão fresco e tempere.
- Escorra a massa e retorne à panela, reservando um pouco da água do cozimento. Incorpore um pouco da maionese de mascarpone e, em seguida, a rúcula. Adicione um pouco da água reservada para soltar o tortiglioni, se necessário. Divida em tigelas ou pratos e finalize com o restante da maionese. Decore com fatias de bacon e tomates.

---

10 Espaguetine rápido com tomate, presunto cru e rúcula Cozinhe 325 g de espaguetine em uma panela grande com água fervente e sal, conforme as instruções da embalagem, até ficar *al dente*. Escorra e retorne a massa à panela. Incorpore 3 colheres (sopa) de mascarpone com 15 g de parmesão, 4 tomates secos escorridos e picados e quatro fatias de presunto cru cortadas em tiras. Sirva com bastante rúcula picada.

30 Suflê de macarrão, bacon, tomate e rúcula Frite o bacon como acima. Enquanto isso, cozinhe 250 g de espaguete instantâneo até ficar *al dente*. Derreta 25 g de manteiga em uma panela grande e misture 25 g de farinha de trigo, para formar uma pasta homogênea. Aqueça até ficar dourada, em seguida, acrescente gradualmente 300 ml de leite, mexendo sempre, e deixe ferver em fogo brando por 5 minutos até engrossar. Aumente o fogo e incorpore 25 g de parmesão ralado e 3 gemas. Bata as 3 claras em neve em outra tigela. Escorra o espaguete, corte em pedaços de 2,5 cm e pique o bacon. Adicione o molho de queijo com 2 tomates secos picados e um punhado de folhas de rúcula bem picadas. Incorpore com cuidado as claras em neve, em três etapas. Divida em quatro ramequins e coloque-os em forno preaquecido a 200 °C por 20 minutos, ou até dourar.

20 Pappardelle à puttanesca

4 porções

3 colheres (sopa) de azeite
2 dentes de alho fatiados
½ colher (chá) de pimenta--calabresa em flocos
8 filés de anchova em conserva escorridos
2 latas de tomates pelados picados
125 g de azeitonas pretas
1 colher (sopa) de alcaparras escorridas
300 g de pappardelle
sal e pimenta-do-reino moída na hora
folhas picadas de manjericão, para finalizar

- Aqueça o azeite em uma panela grande, adicione o alho, a pimenta-calabresa em flocos e as anchovas e refogue, mexendo com frequência, por 2 minutos, até as anchovas começarem a desmanchar.
- Acrescente o tomate picado e apure por 15 minutos, até o molho engrossar. Adicione as azeitonas, as alcaparras e tempere.
- Enquanto isso, cozinhe o pappardelle em uma panela grande com água fervente e sal, conforme as instruções da embalagem, até ficar *al dente*. Escorra e misture com o molho.
- Divida em tigelas individuais ou pratos e sirva salpicado de manjericão.

---

10 Pappardelle com molho de azeitonas e alcaparras Cozinhe e escorra o pappardelle como acima. Enquanto isso, misture 1 dente de alho amassado e 3 colheres (sopa) de azeite extravirgem. Pique grosseiramente 1 tomate grande e incorpore ao molho, com 2 colheres (chá) de alcaparras escorridas e um punhado de azeitonas pretas picadas. Escorra e retorne a massa à panela. Incorpore o molho e sirva imediatamente.

30 Pappardelle com frango ao molho de alcaparras e azeitonas Grelhe 4 filés de peito de frango por 7 minutos de cada lado, ou até ficarem dourados e no ponto. Cozinhe e escorra o pappardelle como acima, então incorpore 350 ml de molho de tomate pronto. Aqueça 3 colheres (sopa) de azeite em uma frigideira pequena, adicione um punhado de azeitonas pretas picadas e refogue por 1-2 minutos, até começar a chiar. Acrescente uma colher (sopa) de alcaparras escorridas e deixe por 30 segundos. Junte 2 colheres (sopa) de salsa picada e um pouco de suco de limão. Arrume o pappardelle nos pratos com os filés de frango. Regue com o molho ainda quente e sirva.

30 Fritada cremosa de frango e alcachofra

4 porções

325 g de espaguete
6 ovos
100 g de creme de leite fresco
2 peitos de frango grelhados
25 g de parmesão fresco ralado
175 g de corações de alcachofra em conserva escorridos e fatiados
2 cebolinhas fatiadas
um punhado de folhas de manjericão picadas
um punhado pequeno de folhas de hortelã picadas
2 colheres (sopa) de azeite
sal e pimenta-do-reino moída na hora

- Cozinhe o espaguete em uma panela grande com água fervente e sal, conforme as instruções da embalagem, até ficar *al dente*.
- Enquanto isso, bata os ovos e o creme de leite em uma tigela grande e tempere. Desfie o frango, descartando a pele, e misture o parmesão, as alcachofras, as cebolinhas, o manjericão e a hortelã.
- Esfrie o espaguete em água corrente e escorra. Incorpore ao ovo batido com creme de leite e ao frango e tempere.
- Aqueça em fogo médio uma frigideira grande antiaderente e, em seguida, coloque o azeite. Despeje a mistura de massa, espalhando com uma concha. Frite em fogo médio por 20 minutos. Corte em fatias e sirva.

---

10 Espaguete rápido com frango e alcachofra Cozinhe o espaguete. Enquanto isso, desfie o peito de frango como acima e corte os corações de alcachofra em quartos. Escorra o espaguete, reserve um pouco da água do cozimento e retorne-o à panela. Incorpore o frango, as alcachofras, 1 colher grande de mascarpone e um punhado de parmesão fresco ralado, adicionando um pouco da água reservada para soltar a massa, se necessário. Sirva imediatamente.

20 Salada de fusilli com frango grelhado e alcachofra Tempere dois peitos de frango desossados e grelhe por 7 minutos de cada lado, ou até ficarem no ponto. Enquanto isso, cozinhe 300 g de fusilli, conforme as instruções da embalagem, até ficar *al dente*. Coloque em uma travessa e incorpore o suco de meio limão e 3 colheres (sopa) de azeite extravirgem. Desfie o frango, descartando a pele, e misture na salada com as alcachofras, como acima, e um punhado de folhas de hortelã picadas.

30 Salada de gigli com pimentão vermelho, rúcula e parmesão

4 porções

4 colheres (sopa) de azeite extravirgem
1 dente de alho bem picado
1 pimenta vermelha sem sementes (se preferir) e picada
4 pimentões vermelhos sem sementes e cortados em tiras
325 g de gigli (ou campanelle)
1 colher (sopa) de vinagre branco balsâmico
75 g de folhas de rúcula
um punhado de parmesão fresco em lascas
sal e pimenta-do-reino moída na hora

- Aqueça 2 colheres (sopa) de azeite em uma frigideira, adicione o alho e a pimenta e refogue por 30 segundos. Acrescente os pimentões vermelhos e salteie em fogo baixo por 20-25 minutos, ou até ficarem macios. Deixe esfriar ligeiramente.
- Enquanto isso, cozinhe o gigli em uma panela grande com água fervente e sal, conforme as instruções da embalagem, até ficar *al dente*. Esfrie em água corrente e escorra. Coloque em uma travessa.
- Incorpore o restante do azeite, o vinagre balsâmico, a rúcula e os pimentões vermelhos com todo o caldo do cozimento e tempere. Sirva salpicado de parmesão.

---

10 Gigli com molho rápido de pimentão vermelho

Gigli com molho rápido de pimentão vermelho Cozinhe e escorra o gigli como acima. Enquanto isso, bata 2 pimentões vermelhos em conserva, 1 dente de alho amassado e 125 g de ricota em um processador até formar um molho cremoso. Escorra a massa, reservando um pouco da água do cozimento, e retorne-a à panela. Incorpore o molho de pimentão vermelho, adicionando um pouco da água reservada para soltar o gigli, se necessário, e um punhado de folhas de manjericão picadas. Sirva imediatamente.

---

20 Gigli com molho picante e pimentão vermelho

Gigli com molho picante e pimentão vermelho Corte 4 pimentões vermelhos sem sementes em fatias finas. Aqueça um pouco de azeite em uma frigideira e refogue-os por 15 minutos, até ficarem macios. Enquanto isso, cozinhe e escorra o gigli como acima. Bata 3 tomates sem sementes, 1 cebolinha picada e 1 pimenta vermelha sem sementes e picada no processador até formar um molho denso. Escorra e retorne a massa à panela. Incorpore o molho picante, 3 colheres (sopa) de azeite e os pimentões refogados. Sirva imediatamente.

30 Fusilli amatriciana com pancetta

4 porções

2 colheres (sopa) de azeite
1 pimenta vermelha sem sementes (se preferir) e picada
250 g de pancetta em tiras
1 cebola bem picada
folhas picadas de 1 ramo de alecrim
100 ml de vinho tinto frutado
400 g de tomates pelados em lata picados
200 ml de água
400 g de fusilli
sal e pimenta-do-reino moída na hora
parmesão fresco ralado na hora, para finalizar

- Aqueça bem uma frigideira, adicione o azeite, a pimenta e a pancetta e frite até começar a ficar crocante. Acrescente a cebola e o alecrim e salteie por mais 3-5 minutos, até ficar ligeiramente dourado.
- Adicione o vinho e deixe ferver até reduzir à metade, acrescente os tomates e a água e mantenha em fogo brando por pelo menos 20 minutos, até engrossar. Tempere bem.
- Enquanto isso, cozinhe o fusilli em uma panela grande com água fervente e sal, conforme as instruções da embalagem, até ficar *al dente*. Escorra e retorne o macarrão à panela; em seguida, incorpore o molho.
- Sirva as porções e finalize com parmesão fresco.

---

10 Fusilli com presunto cru e tomates-cereja Cozinhe e escorra o fusilli como acima. Incorpore 150 g de tomates--cereja cortados ao meio, um pouco de suco de limão, 2 colheres (sopa) de creme de leite fresco e 100 g de presunto cru em fatias bem finas e cortadas em pedaços pequenos. Sirva imediatamente.

---

20 Fusilli com bacon e tomate seco Aqueça um pouco de manteiga em uma frigideira, adicione um talo de alho-poró limpo e fatiado e refogue por 5 minutos, até amaciar. Corte quatro fatias de bacon em pequenos pedaços, coloque na frigideira com 2 cebolinhas fatiadas e refogue por mais 5 minutos. Acrescente 25 ml de vinho branco seco e deixe por 3 minutos, até reduzir. Adicione 3 tomates secos escorridos e picados e 4 colheres (sopa) de creme de leite fresco. Enquanto isso, cozinhe e escorra o fusilli como acima, depois incorpore o molho ao macarrão e sirva imediatamente.

10 Espaguetine com manteiga de tomate e manjericão

4 porções

75 g de manteiga amolecida
5 tomates secos em conserva escorridos e bem picados
um punhado de folhas de manjericão bem picadas
raspas de 1 limão
325 g de espaguetine
sal

- Misture a manteiga, os tomates, o manjericão e o limão em uma tigela e tempere. Coloque a mistura em um pedaço de filme de PVC, enrole formando um cilindro bem firme e coloque no congelador por 5 minutos (prepare com antecedência e refrigere até a hora de servir).
- Enquanto isso, cozinhe o espaguetine em uma panela grande com água fervente e sal, conforme as instruções da embalagem, até ficar *al dente*. Escorra bem e distribua em pratos.
- Corte fatias da manteiga aromatizada e coloque sobre a massa. Sirva imediatamente.

---

20 Espaguetine com tomate, manjericão e molho amanteigado Aqueça um pouco de manteiga em uma panela, adicione 1 echalota picada e refogue por alguns minutos, até amaciar. Acrescente 150 ml de vinho branco seco e mantenha por cerca de 10 minutos, até reduzir. Corte 25 g de manteiga gelada em pequenos cubos e junte ao molho, um cubo de cada vez. Enquanto isso, cozinhe e escorra o espaguetine como acima. Adicione um punhado de tomates secos em conserva escorridos e picados e um punhado de folhas de manjericão picadas e sirva com o molho amanteigado por cima.

---

30 Espaguetine com tomates assados e manjericão Corte 20 tomates pequenos ao meio e disponha-os em uma assadeira. Regue com 3 colheres (sopa) de azeite, 1 colher (sopa) de vinagre balsâmico e adicione 1 colher (chá) de açúcar. Asse em forno preaquecido a 160 °C por 25-30 minutos, até ficarem macios e levemente dourados. Enquanto isso, cozinhe e escorra o espaguetine como acima. Incorpore os tomates, um pouco mais de vinagre balsâmico, uma colherada de manteiga e um punhado de folhas de manjericão e sirva com 125 g de queijo de cabra macio amassado.

20 Rigatoni com atum, feijão-branco e gremolata

4 porções
75 ml de creme de leite light
250 g de feijão-branco cozido e sem o caldo
225 g de atum em lata escorrido
325 g de rigatoni
sal e pimenta-do-reino moída na hora

Para a gremolata
1 dente de alho
raspas de 1 limão
um punhado de salsa picada

- Coloque o creme de leite e o feijão em uma panela e cozinhe por 15 minutos, ou até amaciar bem o feijão, adicionando um pouco de água se necessário. Acrescente o atum nesse molho.
- Enquanto isso, cozinhe o rigatoni em uma panela grande com água fervente e sal, conforme as instruções da embalagem, até ficar *al dente*.
- Para fazer a gremolata, coloque o alho, as raspas de limão e a salsa em uma tábua e pique bastante, mantendo a consistência dos ingredientes.
- Escorra o macarrão, reservando um pouco da água do cozimento. Misture-o ao molho de atum, adicionando um pouco da água reservada para soltar, se necessário.
- Distribua nos pratos e sirva com a gremolata por cima.

---

10 **Penne rápido com atum e feijão-branco** Cozinhe 400 g de penne fresco, conforme as instruções da embalagem, até ficar *al dente*. Adicione o feijão-branco à panela 2 minutos antes de finalizar o cozimento. Escorra a massa e retorne-a à panela. Misture 2 colheres (sopa) de creme de leite fresco, as raspas de 1 limão, o atum e um punhado de salsa fresca picada. Sirva imediatamente.

---

30 **Atum grelhado com rigatoni ao molho cremoso de feijão-branco** Aqueça um pouco de azeite em uma panela, adicione 1 cebola picada e 1 dente de alho amassado e refogue até ficarem macios. Adicione o feijão-branco e o creme de leite, como acima, uma lasca de casca de laranja e raspas de limão. Deixe apurar em fogo brando por 15 minutos, até ficar bem macio e cremoso. Remova a casca e tempere. Enquanto isso, cozinhe e escorra o rigatoni como acima, depois adicione ao molho defeijão. Tempere 4 filés de atum com um pouco de pimenta-do-reino e azeite. Aqueça uma grelha até começar a fazer fumaça, coloque os filés e deixe por 3-5 minutos de cada lado, ou até ficarem dourados por fora, mas ainda crus por dentro. Distribua o macarrão com molho cremoso de feijão nos pratos, coloque um filé de atum por cima e salpique salsa para servir.

Refeições para o dia a dia

Listas de receitas por tempo de preparo

30

20

10

10 Cavatappi cremoso com aspargos, ervilhas e limão

4 porções

500 g de cavatappi (ou tortiglioni) fresco
100 g de ervilhas congeladas
150 g de aspargos em lata
suco e raspas de 1 limão-siciliano
125 g de mascarpone
2 colheres (sopa) de azeite extravirgem
sal e pimenta-do-reino moída na hora
folhas de manjericão picadas, para finalizar

- Cozinhe o cavatappi com água fervente e sal, até ficar *al dente*. Adicione as ervilhas e os aspargos 3 minutos antes de finalizar o cozimento.
- Misture a maior parte das raspas de limão e o mascarpone em uma tigela.
- Escorra o cavatappi com os vegetais, reservando um pouco da água. Separe os aspargos, mantenha-os aquecidos, e retorne a massa com a ervilha à panela. Junte o suco de limão, o azeite e um pouco da água reservada.
- Tempere bem e divida as porções em pratos. Salpique o manjericão e o restante das raspas de limão. Espalhe os aspargos e sirva com o mascarpone.

---

20 Spirali com aspargos, ervilhas e molho de limão Cozinhe 400 g de spirali (uma variação do fusilli), conforme as instruções da embalagem, até ficar *al dente*, adicionando os vegetais à panela, conforme acima. Enquanto isso, derreta 25 g de manteiga em uma panela e acrescente 3 colheres (sopa) de farinha de trigo para formar uma pasta macia. Mantenha até dourar e, gradualmente, adicione 100 ml de leite e 100 ml de creme de leite fresco, mexendo sempre. Deixe ferver em fogo brando por 5 minutos, até engrossar, e adicione as raspas de 1 limão-siciliano e um punhado de manjericão picado. Escorra o spirali com os vegetais e retorne-os à panela. Incorpore o molho e sirva imediatamente.

30 Papillotes de spirali com aspargos, ervilhas e limão Cozinhe 400 g de spirali por 2 minutos a menos do que indicado nas instruções da embalagem, adicionando os vegetais à panela, conforme acima, e escorra. Corte quatro pedaços grandes de papel-manteiga e divida porções de spirali escorrido e vegetais entre eles. Esprema o suco de 1 limão-siciliano e regue com 50 ml de caldo quente de frango. Dobre o papel-manteiga, selando bem os pacotes. Asse por 10 minutos em forno preaquecido a 180 °C. Abra os pacotes, coloque uma colherada de mascarpone em cada um e sirva com uma fatia de queijo taleggio.

20 Tagliatelle com pimenta, alcaparras e croûtons de ciabatta

4 porções

3 fatias de ciabatta
75 ml de azeite
4 dentes de alho
1 pimenta vermelha sem sementes (se preferir) e bem picada
2 colheres (sopa) de alcaparras escorridas
400 g de tagliatelle
suco e raspas de 1 limão-siciliano
sal e pimenta-do-reino moída na hora

- Triture as fatias de ciabatta no processador. Coloque o azeite em uma frigideira pequena e adicione o alho. Refogue em fogo baixo por cerca de 10 minutos, até ficar bem dourado. Remova os dentes de alho com uma escumadeira e descarte. Acrescente o pão triturado e deixe fritar por alguns minutos, até começar a ganhar cor. Remova o pão com uma escumadeira e reserve. Adicione a pimenta e as alcaparras e refogue por 2 minutos, até ficarem ligeiramente douradas.
- Enquanto isso, cozinhe o tagliatelle em uma panela grande com água fervente e sal, conforme as instruções da embalagem, até ficar *al dente*. Escorra, reservando um pouco da água do cozimento, e retorne a massa à panela. Incorpore o azeite aromatizado, as raspas e o suco de limão e um pouco da água reservada, se necessário. Tempere bem.
- Divida as porções em pratos e salpique os croûtons. Sirva em seguida.

---

10 **Tagliatelle fácil com pimenta, alcaparras e tomate** Cozinhe e escorra o tagliatelle como acima. Misture 3 tomates secos em conserva escorridos e picados e 100 g de tomates-cereja cortados ao meio com a pimenta e as alcaparras. Adicione um pouco de suco de limão-siciliano e finalize com folhas de rúcula. Sirva imediatamente.

---

30 **Papillotes de tagliatelle com pimenta, alcaparras e croûtons** Cozinhe o tagliatelle por 2 minutos a menos do que as instruções da embalagem, escorra bem e divida em quatro grandes quadrados de papel-manteiga. Separadamente, misture o suco de limão-siciliano, 1 dente de alho amassado, o azeite, a pimenta e as alcaparras e espalhe uma colher por cima da massa em cada quadrado. Levante as pontas, fechando os pacotes, e coloque-os em uma assadeira. Leve ao forno preaquecido a 180 °C por 10 minutos, ou até ficar cozido. Bata as fatias de ciabatta como acima para esfarelar e, então, toste-as em uma frigideira com um pouco de azeite até ficarem crocantes. Abra os pacotes cuidadosamente com uma faca e salpique um punhado de manjericão. Finalize com uma pequena colherada de creme de leite fresco e os croûtons. Sirva imediatamente.

10 Espaguete com pesto de agrião e gorgonzola

2 porções
200 g de espaguete integral
50 g de gorgonzola em pedaços grossos
sal e pimenta-do-reino moída na hora

Para o pesto de agrião
50 g de nozes
75 g de agrião, ramos extras para finalizar
1 colher (sopa) de creme de leite fresco

- Cozinhe o espaguete em uma panela grande com água fervente e sal, conforme as instruções da embalagem, até ficar *al dente*.
- Enquanto isso, prepare o pesto. Coloque as nozes em uma frigideira e toste em fogo médio por 3 minutos, salteando de vez em quando, até começarem a dourar. Deixe esfriar por 1-2 minutos. Bata as nozes, o agrião e o creme de leite fresco no processador até atingir a consistência do pesto. Tempere bem.
- Escorra o macarrão e divida as porções nos pratos. Decore com pedaços de gorgonzola. Sirva com colheradas de pesto e ramos de agrião.

---

20 Espaguete ao alho-poró, echalota e gorgonzola com agrião Regue um punhado de echalotas e 150 g de alho-poró limpo e sem os talos com um pouco de azeite. Asse em forno preaquecido a 200 °C por 20 minutos, ou até ficarem macios e ligeiramente dourados. Enquanto isso, cozinhe e escorra o espaguete como acima. Misture com as echalotas e o alho-poró assados, 150 g de gorgonzola picado e 2 colheres (sopa) de creme de leite fresco. Sirva guarnecido com um punhado de agrião.

30 Nhoque com gorgonzola e pesto de agrião Cozinhe um pacote de 250 g de nhoque fresco, conforme as instruções da embalagem. Escorra bem e retorne à panela. Prepare o pesto de agrião, de acordo com a receita acima, adicionando mais 2 colheres (sopa) de creme de leite fresco, 3 colheres (sopa) de leite e 50 g de gorgonzola picado. Incorpore ao nhoque. Em um processador, triture um punhado de nozes e uma fatia de pão branco. Ponha o nhoque em uma travessa refratária, salpique o pão triturado com nozes e gratine em forno médio preaquecido por 10 minutos, ou até dourar e borbulhar.

20 Fusilli longo com berinjela e muçarela

4 porções

4 colheres (sopa) de azeite
1 berinjela cortada em fatias grossas
300 ml de molho de tomate pronto
½ colher (chá) pimenta-calabresa em flocos
400 g de fusilli longo
25 g de parmesão fresco ralado na hora
125 g de muçarela de búfala em pedaços pequenos
sal e pimenta-do-reino moída na hora
folhas de manjericão, para finalizar

- Aqueça metade do azeite em uma frigideira grande, adicione metade da berinjela e refogue por 5-7 minutos, até ficar macia e ligeiramente dourada. Tempere bem e transfira para um prato. Repita com o restante do azeite e da berinjela.
- Coloque o molho de tomate e a pimenta-calabresa em flocos em uma panela, adicione a berinjela refogada e apure em fogo brando por alguns minutos.
- Cozinhe o fusilli em uma panela grande com água fervente e sal, conforme as instruções da embalagem, até ficar *al dente*. Escorra, reservando um pouco da água, e retorne à panela. Incorpore o molho de berinjela, usando a água reservada para soltar o macarrão, se necessário.
- Acrescente o parmesão, tempere e distribua as porções em pratos. Disponha pedaços de muçarela e salpique manjericão.

10 Fusilli simples com berinjela e muçarela

Corte 200 g de berinjela em fatias finas, pincele com azeite e tempere. Grelhe por 3-5 minutos de cada lado. Cozinhe 400 g de fusilli, conforme as instruções da embalagem, até ficar *al dente*. Escorra, reservando um pouco da água do cozimento, e retorne à panela. Misture 5 colheres (sopa) de pesto fresco, 125 g de muçarela de búfala em pedaços pequenos e a berinjela grelhada, adicionando um pouco da água reservada para soltar o macarrão, se necessário. Salpique 25 g de pinholes tostados.

30 Fusilli longo com molho encorpado de berinjela e muçarela

Fure 2 berinjelas com um garfo, coloque-as em uma assadeira e leve ao forno preaquecido a 220 °C por 20 minutos, ou até ficarem macias e ligeiramente tostadas. Deixe esfriar por 5 minutos e então as descasque. Amasse 1 dente de alho em uma tigela pequena com 3 colheres (sopa) de creme de leite fresco. Bata em um processador a polpa da berinjela assada, um pouco de suco de limão e um punhado de folhas de coentro picadas até formar um molho. Enquanto isso, cozinhe e escorra o fusilli longo como acima. Incorpore o molho de berinjela e sirva com muçarela de búfala.

20 Trofie ao pesto com batata e vagem

4 porções

300 g de trofie
6 batatas cortadas ao meio
125 g de vagens
sal e pimenta-do-reino moída na hora

Para o pesto

75 g de folhas de manjericão
25 g de pinholes tostados, mais um pouco para servir
1 dente de alho amassado
100 ml de azeite extravirgem
3 colheres de parmesão fresco ralado na hora, mais um pouco para servir

- Cozinhe o trofie em uma panela grande com água fervente e sal, conforme as instruções da embalagem, até ficar *al dente*.
- Enquanto isso, cozinhe as batatas em uma panela grande com água fervente e sal por 7 minutos. Adicione a vagem e mantenha por mais 5 minutos.
- Para fazer o pesto, coloque todos os ingredientes em um pilão, macere até formar uma pasta cremosa e tempere. Outra alternativa é bater os ingredientes no processador.
- Escorra a massa e os legumes e retorne-os à panela. Incorpore o pesto e tempere.
- Distribua as porções em pratos e salpique os pinholes tostados e o parmesão fresco ralado para servir.

10 **Trofie rápido com feijão-verde, ervilha e sardela** Cozinhe 500 g de trofie fresco, conforme as instruções da embalagem, até ficar *al dente*. Enquanto isso, cozinhe 75 g de feijão-verde, 75 g de ervilhas congeladas e 125 g de vagens em uma panela separada com água fervente e sal por 3-4 minutos, ou até ficarem macios. Escorra a massa e as leguminosas e retorne-as à panela. Incorpore 4 colheres (sopa) de sardela pronta e sirva imediatamente.

30 **Trofie com frango, batata assada, vagem e pesto** Coloque as batatas, cortadas ao meio, em uma assadeira e unte com um pouco de azeite. Asse em forno preaquecido a 200 °C por 5 minutos. Adicione 4 filés de peito de frango à assadeira e retorne ao forno por mais 20 minutos, ou até as batatas e o frango dourarem. Enquanto isso, cozinhe o trofie como acima. Adicione as vagens 5 minutos antes de finalizar o cozimento da massa. Faça o pesto como na receita acima e misture com 50 g de queijo de cabra macio em uma tigela. Escorra o trofie e as vagens e retorne-os à panela. Incorpore o pesto e as batatas assadas e sirva com o frango.

20 Penne com frango, bacon e aspargos ao forno

4 porções
2 colheres (chá) de azeite
2 filés de peito de frango
4 fatias de bacon
325 g de penne
150 g de aspargos sem as pontas em fatias grossas
150 ml de creme de leite fresco
100 ml de leite
25 g de parmesão fresco ralado na hora
sal e pimenta-do-reino moída na hora

- Pincele os filés de frango com azeite, tempere bem e grelhe em uma chapa preaquecida por 7 minutos de cada lado, ou até dourarem. Coloque o bacon na chapa quando virar o frango e grelhe até ficar crocante. Deixe esfriar ligeiramente e corte em pedaços do tamanho de uma garfada.
- Enquanto isso, cozinhe o penne em uma panela grande com água fervente e sal, conforme as instruções da embalagem, até ficar *al dente*. Adicione os aspargos 3 minutos antes de finalizar o cozimento. Escorra bem e retorne-os à panela.
- Misture o creme de leite fresco e o leite em uma tigela e incorpore à massa. Adicione o frango e o bacon e tempere.
- Coloque em uma travessa refratária e salpique parmesão fresco. Leve ao forno preaquecido para gratinar por 5 minutos, ou até dourar.

---

10 **Penne com aspargos, frango e presunto cru** Cozinhe o penne como acima. Enquanto isso, regue 150 g de aspargos sem as pontas com um pouco de azeite e vinagre balsâmico. Tempere e grelhe por 5 minutos, virando com frequência, até ficarem macios. Corte em pedaços. Escorra a massa e retorne à panela. Incorpore os aspargos, 1 peito de frango assado (comprado pronto) sem pele e desossado em tiras e 3 colheres (sopa) de creme de leite fresco. Sirva com uma fatia de presunto cru por cima.

30 **Penne com frango cozido e aspargos** Em uma panela, coloque 2 peitos de frango desossados e sem pele, caldo quente de frango suficiente para cobri-los e um pouco de suco de limão-siciliano. Cozinhe lentamente em fogo baixo por 12-15 minutos. Retire da panela, corte em pedaços pequenos e mantenha aquecido. Ferva o líquido do cozimento por cerca de 5-10 minutos, até reduzir, e adicione 3 colheres (sopa) de creme de leite fresco e algumas folhas de estragão bem picadas. Enquanto isso, cozinhe e escorra os aspargos e o penne como acima. Incorpore o molho cremoso e o frango. Sirva imediatamente.

20 Espaguete com molho cremoso de anchovas, limão e rúcula

4 porções
1 ciabatta
1 colher (sopa) de azeite
1 dente de alho amassado
400 g de espaguete
50 g de folhas de rúcula
sal e pimenta-do-reino moída na hora

Para o molho de anchovas
8 filés de anchova em conserva escorridos
3 colheres (sopa) de mascarpone
suco de ½ limão-siciliano
1 ovo ligeiramente batido
25 g de parmesão fresco ralado na hora

- Coloque o ciabatta em um processador e bata até esfarelar. Aqueça o azeite em uma frigideira pequena, adicione o alho e salteie. Acrescente os farelos. Frite por 5-7 minutos, até ficarem dourados e crocantes, retire da frigideira e reserve.
- Para fazer o molho, amasse as anchovas em uma tábua de cozinha, usando a lateral de uma faca larga, até formar uma pasta. Coloque em uma tigela, misture com o mascarpone e incorpore o suco de limão, o ovo e o parmesão.
- Cozinhe o espaguete em uma panela grande com água fervente e sal, conforme as instruções da embalagem, até ficar *al dente*. Escorra, reservando um pouco da água do cozimento, e retorne-o à panela. Incorpore o molho de anchovas e misture bem, adicionando um pouco da água reservada para soltar o macarrão, se necessário. Tempere e acrescente as folhas de rúcula.
- Salpique os croûtons na hora de servir.

---

10 Espaguete com molho amanteigado de anchovas, limão e rúcula Cozinhe e escorra o espaguete como acima. Enquanto isso, bata no processador oito filés de anchova escorridos, 50 g de manteiga amolecida, as raspas de 1 limão-siciliano e 75 g de folhas de rúcula. Incorpore esse molho ao macarrão escorrido e sirva imediatamente.

---

30 Espaguete com cebola caramelizada, cavolo nero e molho de anchovas Aqueça um pouco de manteiga e de azeite em uma frigideira, adicione 1 cebola fatiada e refogue em fogo bem baixo por 20-25 minutos, até caramelizar. Enquanto isso, aqueça um pouco de azeite em uma panela, junte 1 dente de alho fatiado e refogue em fogo baixo até ficar macio. Adicione 150 g de cavolo nero (um tipo de couve) e refogue por 1-2 minutos, então acrescente 100 ml de caldo quente de frango e mantenha por mais 5-7 minutos, até ficar macia. Faça o molho de anchovas, cozinhe e escorra o macarrão como acima. Incorpore a cebola caramelizada, o molho de anchovas, a cavolo nero e todos os líquidos do cozimento ao espaguete escorrido. Sirva imediatamente.

10 Fiorelli com chouriço e pimentão vermelho

2 porções

200 g de macarrão fiorelli
1 colher (sopa) de azeite, mais um pouco para servir
75 g de chouriço (ou outra linguiça de sua preferência) em fatias finas
1 pimentão vermelho sem sementes e cortado em pedaços
1 dente de alho amassado
1 colher (sopa) de purê de tomate
75 ml de vinho branco seco
1 colher (chá) de açúcar
sal e pimenta-do-reino moída na hora
salsa picada, para finalizar

- Cozinhe o fiorelli em uma panela grande com água fervente e sal, conforme as instruções da embalagem, até ficar *al dente*.
- Enquanto isso, aqueça o azeite em uma frigideira grande, adicione as fatias de chouriço e frite por alguns segundos, até ficarem crocantes. Remova com uma escumadeira e reserve.
- Coloque o pimentão na frigideira e refogue por alguns minutos, até dourar. Acrescente o alho e o purê de tomate e mantenha por mais 30 segundos. Adicione o vinho, o açúcar e mexa bem. Deixe levantar fervura e apure por mais 5 minutos, até reduzir ligeiramente, e tempere.
- Escorra o macarrão e retorne-o à panela. Coloque um pouco de azeite e incorpore o chouriço e o molho. Salpique salsa para servir.

---

20 Orzo à Paella Em uma chapa (ou frigideira canelada) quente, grelhe 1 filé de peito de frango por 7 minutos de cada lado. Enquanto isso, aqueça o azeite em uma panela grande e frite 100 g de chouriço em cubos e 1 pimentão vermelho, até ficarem dourados. Adicione o vinho, uma pitada de açafrão e 500 g de mariscos limpos. Tampe e cozinhe por 5 minutos, mexendo a panela de vez em quando, até que os mariscos se abram. Descarte todos que continuarem fechados. Cozinhe 200 g de orzo (ou rizoni), conforme as instruções da embalagem. Escorra e incorpore o molho de mariscos e o peito de frango fatiado.

30 Fiorelli com molho de pimentão vermelho Em uma assadeira, coloque o pimentão vermelho e 3 tomates cortados ao meio, regue com um pouco de azeite e uma dose de vinho branco. Asse em forno preaquecido a 190 °C por 20-25 minutos. Enquanto isso, cozinhe e escorra o fiorelli. Salpique 1 colher (chá) de páprica no pimentão e no tomate e incorpore à massa escorrida. Sirva com colheradas de creme de leite com limão (sour cream).

20 Linguine com molho de frutos do mar e tomate

2 porções

3 colheres (sopa) de azeite
2 dentes de alho fatiados
1 pimenta vermelha sem sementes (se preferir) e bem picada
75 ml de vinho branco seco
250 g de tomates sem sementes e picados
500 g de mexilhões limpos
200 g de linguine
um punhado de salsa picada
sal e pimenta-do-reino moída na hora

- Aqueça o azeite em uma panela grande, adicione o alho e a pimenta e refogue por alguns segundos, até começarem a dourar. Acrescente o vinho e cozinhe por alguns minutos até reduzir à metade. Adicione os tomates e apure por mais 5 minutos, com um pouco de água se necessário.
- Coloque os mexilhões na panela, tampe e cozinhe por 5 minutos, mexendo a panela de vez em quando. Descarte os que não se abrirem.
- Enquanto isso, cozinhe o linguine em uma panela grande com água fervente e sal, conforme as instruções da embalagem, até ficar *al dente*. Escorra, incorpore o molho de mexilhões e tempere. Salpique a salsa e sirva imediatamente.

10 Linguine rápido com frutos do mar

Cozinhe o linguine como acima. Enquanto isso, aqueça 2 colheres (sopa) de azeite em uma frigideira, adicione 6 vieiras grandes e frite por 2 minutos de cada lado, ou até atingirem o ponto. Escorra a massa e retorne-a à panela. Incorpore as vieiras, o suco de 1 limão--siciliano, 2 tomates sem sementes e picados e uma pitada de pimenta-calabresa em flocos. Sirva imediatamente.

30 Linguine com frutos do mar

cajun Aqueça um pouco de azeite em uma frigideira, adicione 150 g de linguiça defumada fatiada e frite até dourar. Acrescente 1 cebola picada e refogue até ficar macia. Incorpore 2 dentes de alho amassados e 1 colher (chá) de tempero cajun. Adicione 400 g de tomates pelados em lata picados e refogue em fogo baixo, mexendo sempre, por 20 minutos. Acrescente os mexilhões, preparados como acima, e continue a receita da mesma maneira.

20 Espaguete com molho verde e frango grelhado

4 porções
1 colher (sopa) de azeite
2 filés de peito de frango grossos
400 g de espaguete
sal e pimenta-do-reino moída na hora

Para o molho verde
um grande punhado de salsa
um pequeno punhado de folhas de manjericão
1 dente de alho amassado
5 colheres (sopa) de azeite extravirgem
raspas e um pouco de suco de 1 limão-siciliano
1-2 colheres (sopa) de alcaparras escorridas

- Pincele 1 colher (sopa) de azeite nos filés de frango e tempere. Doure em uma grelha preaquecida por 7 minutos de cada lado, ou até ficarem no ponto.
- Enquanto isso, cozinhe o espaguete em uma panela grande com água fervente e sal, conforme as instruções da embalagem, até ficar *al dente*.
- Para fazer o molho verde, coloque as ervas, o alho, o azeite, as raspas e o suco do limão no processador. Bata por alguns segundos, adicione as alcaparras e bata mais algumas vezes, até formar uma pasta grossa.
- Escorra o macarrão, reservando um pouco da água do cozimento, e retorne-o à panela. Incorpore o molho verde, adicionando um pouco da água reservada para soltar o espaguete, se necessário. Tempere.
- Corte o frango em fatias grossas. Divida as porções de massa em pratos e finalize com o frango fatiado.

10 Salada simples de penne com frango e molho verde Cozinhe 500 g de penne fresco, seguindo as instruções da embalagem, até ficar *al dente*. Enquanto isso, faça o molho verde como acima. Esfrie a massa em água corrente e escorra. Coloque em uma travessa e incorpore o molho verde. Adicione 2 filés de peito de frango grelhados e desfiados e 3 tomates secos escorridos e picados.

30 Sopa de orzo e frango com molho verde Em uma panela grande, coloque 1 cenoura descascada e fatiada, 3 coxas de frango desossadas e sem pele e 1,5 litro de caldo quente de frango e cozinhe lentamente por 20 minutos, ou até atingir o ponto. Retire o frango com uma escumadeira, deixe esfriar um pouco e corte em tiras pequenas. Retorne-o à panela com um grande punhado de repolho picado e cozinhe por 5 minutos. Enquanto isso, cozinhe 100 g de orzo (ou risoni), conforme as instruções da embalagem. Prepare o molho verde como acima. Escorra o orzo, adicione à sopa e aqueça. Sirva com o molho verde.

10 Trottole tricolor com favas, tomate e queijo de cabra

2 porções

200 g de trottole tricolore (ou fusilli, ou outra massa espiralada)
75 g de favas congeladas sem pele (se preferir)
1 colher (sopa) de azeite
1 dente de alho fatiado
125 g de tomates-cereja
50 g de queijo de cabra macio
sal e pimenta-do-reino moída na hora
orégano, para finalizar

- Cozinhe a massa em uma panela grande com água fervente e sal, conforme as instruções da embalagem, até ficar *al dente*. Adicione as favas 3-4 minutos antes de finalizar o cozimento.
- Enquanto isso, aqueça o azeite em uma frigideira grande, adicione o alho, refogue por 30 segundos e acrescente os tomates. Cozinhe por alguns minutos até ficarem macios e amasse-os com as costas de uma colher para fazer um molho bem rústico, com pedaços. Tempere.
- Escorra a massa, reservando um pouco da água do cozimento, e retorne à panela. Incorpore o molho de tomate, adicionando um pouco da água reservada para soltar o macarrão, se necessário.
- Divida as porções nos pratos e espalhe o queijo de cabra amassado por cima. Sirva salpicado de orégano.

---

20 Trotolle com favas, tomate, pancetta e queijo de cabra Aqueça um pouco de azeite em uma frigideira grande, adicione cinco fatias de pancetta cortadas em tiras finas e frite até dourarem. Acrescente 1 dente de alho fatiado e 50 ml de vinho branco seco e refogue até reduzir. Em seguida, adicione 200 g de tomates picados. Cozinhe por 10 minutos, colocando um pouco de água. Enquanto isso, cozinhe o trottole tricolore e as favas como acima. Escorra e incorpore o molho com um punhado de orégano. Sirva com o queijo de cabra amassado.

30 Lasanha aberta de tomate e queijo de cabra com salada de favas Faça o molho de tomate como acima, adicionando 5 tomates secos escorridos e picados aos tomates-cereja. Junte 100 ml de caldo quente de frango e ferva em fogo brando, mexendo sempre, por 10 minutos. Enquanto isso, cozinhe 4 folhas de lasanha seca em uma panela grande com água fervente e sal, por 7-10 minutos, ou até amolecerem, e escorra bem. Corte as folhas ao meio e coloque uma metade em cada um dos quatro pratos. Coloque metade do molho e 75 g de queijo de cabra amassado sobre as fatias de massa e repita as camadas, finalizando com o queijo de cabra. Misture em uma tigela 75 g de favas com um pouco de echalota picada, 50 g de folhas tenras da verdura de sua preferência, um pouco de suco de limão-siciliano e 2 colheres (sopa) de azeite extravirgem. Arrume em cada prato e sirva imediatamente.

30 Tagliatelle com frango mexicano

4 porções

3 colheres (sopa) de azeite
1 cebola bem picada
2 dentes de alho bem picados
1 colher (sopa) de purê de tomate
400 g de tomates pelados em lata picados
1 colher (chá) de tabasco
2 filés de peito de frango
400 g de tagliatelle
50 ml de creme de leite fresco batido com gotas de limão (sour cream)
sal e pimenta-do-reino moída na hora
coentro picado, para finalizar

- Aqueça 2 colheres (sopa) de azeite em uma panela, adicione a cebola e refogue por 3 minutos, mexendo com frequência. Acrescente o alho e refogue por 2-3 minutos. Adicione o purê de tomate, os tomates e o tabasco. Cozinhe em fogo brando por 20 minutos, adicionando um pouco de água se for preciso, e tempere.

- Enquanto isso, pincele o azeite restante nos filés de frango e tempere. Grelhe em chapa quente por 7 minutos de cada lado, ou até ficarem ligeiramente tostados.

- Cozinhe o tagliatelle em uma panela grande com água fervente e sal, conforme as instruções da embalagem, até ficar *al dente*. Escorra e reserve um pouco da água de cozimento. Incorpore o molho de tomate, adicionando um pouco da água reservada para soltar o macarrão, se necessário.

- Corte o frango em cubos e acrescente à massa. Divida as porções em pratos, salpique coentro e sirva com uma colherada de sour cream.

10 Salada de penne com frango

Cozinhe 500 g de penne fresco, conforme as instruções da embalagem, até ficar *al dente*. Escorra e esfrie em água corrente. Pique 5 tomates sem sementes, 2 cebolinhas, meia pimenta vermelha sem sementes (se preferir) e misture tudo em uma tigela com um pouco de suco de limão e um fio de azeite extravirgem. Coloque a massa em uma travessa e incorpore bem a mistura de tomate e 1 filé de peito de frango desfiado.

20 Tagliatelle com frango e molho de tomate picante

Coloque 2 filés de peito de frango em uma panela pequena, adicione caldo de frango suficiente para cobri-los e cozinhe em fogo baixo por 10-15 minutos. Enquanto isso, coloque 250 g de tomates-cereja, 1 pimenta vermelha sem sementes (se preferir) e picada e um pouco de azeite em uma frigideira por 10 minutos, ou até tostarem. Tire a pele e as sementes dos tomates-cereja. Bata-os no processador com 5 colheres (sopa) de sour cream e um punhado de coentro. Enquanto prepara o frango e os tomates, cozinhe o tagliatelle como acima. Escorra, reservando um pouco da água do cozimento, e retorne à panela. Incorpore o molho de tomate, adicionando um pouco da água reservada para soltar o macarrão, se necessário. Fatie o frango e adicione ao tagliatelle. Salpique um pouco mais de coentro, se preferir, para servir.

20 Conchiglie ao limão com atum e alcaparras

4 porções

400 g de conchiglie
1 dente de alho pequeno amassado
suco e raspas de ½ limão-siciliano
5 colheres (sopa) de azeite extravirgem
225 g de atum em lata escorrido
2 colheres (sopa) de alcaparras escorridas
1 punhado grande de salsa picada
sal e pimenta-do-reino moída na hora

- Cozinhe o conchiglie em uma panela grande com água fervente e sal, conforme as instruções da embalagem, até ficar *al dente*.
- Enquanto isso, em uma tigela, misture o alho, o suco e as raspas de limão e o azeite. Com um garfo, desmanche o atum em pedaços grandes e incorpore cuidadosamente ao molho com as alcaparras.
- Escorra o conchiglie, reservando um pouco da água do cozimento, e retorne à panela. Incorpore o atum e o molho, adicionando um pouco da água reservada para soltar a massa, se necessário. Tempere bem, salpique a salsa e sirva imediatamente.

---

10 Orzo rápido com atum, alcaparras e limão Cozinhe 200 g de orzo (ou risoni), conforme as instruções da embalagem. Enquanto isso, bata 2 colheres (sopa) de azeite extravirgem com um pouco de suco de limão-siciliano e misture o atum e as alcaparras, como acima. Escorra o orzo e retorne-o à panela. Adicione o molho de atum e acrescente 75 g de rúcula picada. Sirva imediatamente.

---

30 Conchiglie com atum fresco, alcaparras e limão Tempere dois filés grossos de atum, pincele-os completamente com azeite e coloque em uma travessa refratária. Leve ao forno preaquecido a 110 °C por 20-25 minutos, dependendo do ponto que preferir. Enquanto isso, cozinhe e escorra o conchiglie como acima. Corte os filés em porções grandes e misture à massa, com 1 cebola roxa pequena picada, 2 colheres (sopa) de alcaparras escorridas, um pouco de suco de limão--siciliano e um punhado de salsa picada. Sirva imediatamente.

20 Orecchiette com molho cremoso de anchovas e brócolis

4 porções

2 colheres (sopa) de azeite
15 g de manteiga
1 cebola fatiada
3 dentes de alho fatiados
½ colher (chá) de pimenta--calabresa em flocos
8 filés de anchova em conserva escorridos
100 ml de creme de leite fresco
125 g de brócolis
400 g de orecchiette
sal e pimenta-do-reino moída na hora

- Aqueça o azeite e a manteiga em uma frigideira grande, adicione a cebola e refogue por 10 minutos, até ficar dourada e macia. Acrescente o alho, a pimenta-calabresa em flocos e as anchovas e deixe por mais 2-3 minutos, ou até as anchovas começarem a se desfazer. Amasse com as costas de uma colher, acrescente o creme de leite e tempere.
- Cozinhe os brócolis em uma panela grande com água fervente e sal por 3 minutos. Retire-os com uma escumadeira e reserve. Cozinhe o orecchiette na mesma panela, conforme as instruções da embalagem, até ficar *al dente*.
- Adicione os brócolis ao molho de anchova, tampe e deixe cozinhar por 3-5 minutos.
- Escorra o orecchiette, reservando um pouco da água, e incorpore ao molho, adicionando a água reservada para soltar, se necessário. Sirva imediatamente.

---

10 Orecchiette com molho encorpado de brócolis Cozinhe 500 g de orecchiette fresco, conforme as instruções da embalagem, até ficar *al dente*. Enquanto isso, cozinhe 150 g de brócolis roxos em água fervente por 5 minutos, até ficarem macios. Escorra e leve-os ao processador com 1 dente de alho amassado, 3 filés de anchova escorridos e amassados, raspas e o suco de meio limão-siciliano, 25 g de parmesão fresco ralado, uma pitada de pimenta-calabresa em flocos e 4 colheres (sopa) de azeite extravirgem. Bata tudo até formar um molho encorpado. Escorra o orecchiette, reservando um pouco da água do cozimento, e retorne-o à panela. Incorpore o molho de brócolis e adicione a água reservada para soltar a massa, se necessário. Sirva imediatamente.

---

30 Orecchiette com anchovas e brócolis assados Unte 1 cabeça de brócolis cortada em buquês com 3 colheres (sopa) de azeite e tempere. Asse em uma travessa refratária em forno preaquecido a 200 °C por 20-25 minutos, até os buquês ficarem macios e levemente tostados. Enquanto isso, cozinhe e escorra o orecchiette como acima. Em uma tigela, amasse as anchovas e 1 dente de alho como acima. Incorpore à massa, com um pouco da água do cozimento para soltar. Acrescente os brócolis assados e sirva com parmesão fresco ralado na hora.

20 Fusilli com frango ao molho de pimentão vermelho e amêndoas

4 porções

400 g de fusilli
2 peitos de frango (com cerca de 150 g cada) assados
sal

Para o molho de pimentão vermelho e amêndoas

5 colheres (sopa) azeite extravirgem
2 pimentões vermelhos
1 porção grande de folhas de manjericão, mais um pouco para finalizar
25 g de amêndoas tostadas
25 g de queijo pecorino ralado, mais um pouco para servir

- Para o molho, pincele 1 colher (sopa) de azeite sobre os pimentões. Asse por 10 minutos, virando até ficarem bem tostados. Coloque em uma embalagem de celofane para assados, feche e deixe descansar por 5 minutos. Quando esfriar, tire a pele tostada demais. Corte ao meio e remova as sementes.
- Bata os pimentões grelhados no processador com o azeite restante, o manjericão, as amêndoas e o pecorino até formar uma pasta grossa e uniforme. Adicione mais azeite ou gotas de água, se necessário. Tempere bem com sal.
- Cozinhe o fusilli em uma panela grande com água fervente e sal, conforme as instruções da embalagem, até ficar *al dente*. Escorra e retorne à panela. Incorpore o molho, envolvendo completamente a massa.
- Desfie o frango, descartando a pele, e misture ao fusilli. Salpique um pouco de manjericão e o pecorino ralado para servir.

---

10 Salada fácil de fusilli com pimentão vermelho e amêndoas Cozinhe o fusilli como acima. Esfrie em água corrente e escorra. Enquanto isso, bata 25 g de amêndoas tostadas, a mesma quantidade de pecorino e 4 colheres (sopa) de maionese no processador. Coloque a massa em uma travessa grande e incorpore o molho, 2 pimentões em conserva escorridos e picados e um punhado de folhas de manjericão picadas. Salpique 25 g de lâminas de amêndoas.

---

30 Fusilli ao molho picante com frango grelhado Pincele um pouco de azeite sobre uma pimenta vermelha e asse com os pimentões vermelhos, como acima. Prepare o molho de pimentão e amêndoas, como acima, adicionando a pimenta sem pele e sem sementes. Em uma tigela, misture 75 g de queijo de cabra macio e um punhado de folhas de manjericão picadas. Espalhe um pouco da mistura sobre a pele de 4 peitos de frango desossados e ponha na grelha preaquecida por 7 minutos de cada lado, ou até dourarem. Enquanto isso, cozinhe e escorra 300 g de fusilli como acima. Incorpore o molho, adicionando um pouco da água do cozimento para soltar o macarrão. Sirva com o frango salpicado de amêndoas tostadas.

20 Nhoque com molho cremoso de gorgonzola

4 porções

25 g de manteiga
2 alhos-porós fatiados
1 cebola fatiada
1 dente de alho bem picado
75 ml de creme de leite fresco
75 g de gorgonzola
500 g de nhoque fresco
25 g de nozes tostadas e picadas grosseiramente
sal e pimenta-do-reino moída na hora

- Aqueça a manteiga em uma panela, adicione os alhos-porós, a cebola, um pouco de água e refogue em fogo baixo por 15 minutos, até ficarem bem macios. Acrescente o alho e deixe por mais 1 minuto. Adicione o creme de leite e o gorgonzola. Mantenha até derreter.
- Enquanto isso, cozinhe o nhoque em uma panela grande com água fervente e sal, conforme as instruções da embalagem. Escorra, reservando um pouco da água do cozimento, e retorne à panela. Incorpore o molho, adicionando a água reservada para soltar a massa, caso seja necessário. Tempere bem.
- Distribua as porções em pratos e enfeite com as nozes.

10 **Nhoque rápido com gorgonzola e espinafre** Cozinhe e escorra o nhoque como acima, adicionando 250 g de folhas de espinafre à panela antes de escorrer. Incorpore 75 g de gorgonzola amassado e água do cozimento suficiente para fazer um molho. Sirva imediatamente.

30 **Nhoque com echalotas assadas e gorgonzola** Misture 150 g de echalotas com 3 colheres (sopa) de azeite e 1 colher (sopa) de vinagre balsâmico em uma assadeira e salpique um pouco de tomilho. Asse em forno preaquecido a 180 °C por 20-25 minutos. Cozinhe e escorra o nhoque como acima. Incorpore as echalotas assadas, adicionando um pouco da água do cozimento para soltar o nhoque. Sirva com 75 g de gorgonzola amassado.

20 Linguine com endívia, pancetta e mascarpone

2 porções

1 colher (sopa) de azeite
50 g de pancetta em cubos
1 cebola pequena fatiada
1 dente de alho fatiado
2 endívias limpas e fatiadas finamente
50 ml de vinho branco seco
50 ml de caldo quente de frango
200 g de linguine
25 g de mascarpone
15 g de parmesão fresco ralado na hora, mais um pouco para servir
sal e pimenta-do-reino moída na hora

- Aqueça o azeite em uma frigideira, adicione a pancetta e frite até começar a ganhar cor. Acrescente a cebola e refogue por 5 minutos, até ficar macia e dourada.
- Adicione o alho, refogue por 30 segundos e misture as endívias. Cozinhe por alguns minutos até murchar e acrescente o vinho. Ferva até reduzir à metade. Adicione o caldo e deixe em fogo baixo por 7 minutos.
- Enquanto isso, cozinhe o linguine em uma panela grande com água fervente e sal, conforme as instruções da embalagem, até ficar *al dente*. Escorra, reservando um pouco da água do cozimento, e retorne à panela.
- Misture o mascarpone e o parmesão ao molho, tempere bem e incorpore ao linguine, adicionando um pouco da água reservada para soltar, se necessário. Distribua as porções em pratos e sirva com o parmesão fresco ralado.

10 Linguine com endívia grelhada, pancetta e mascarpone

Cozinhe o linguine como acima. Pincele duas endívias cortadas em quartos com um pouco de azeite. Coloque em uma frigideira quente, 2 minutos de cada lado, e regue com 2 colheres (chá) de vinagre balsâmico. Aqueça um pouco de azeite em outra frigideira, acrescente 75 g de pancetta em cubos e frite por 5 minutos, até dourar. Escorra o linguine e retorne-o à panela. Incorpore a endívia e a pancetta. Sirva com colheradas de mascarpone e parmesão fresco ralado.

30 Linguine com pancetta, mascarpone e endívia assada

Corte quatro endívias ao meio e coloque em uma assadeira. Pincele com um pouco de manteiga e adicione 100 ml de caldo de galinha. Leve ao forno preaquecido a 180 °C por 20-25 minutos, ou até ficarem douradas e macias. Enquanto isso, cozinhe e escorra o linguine e frite a pancetta, a cebola e o alho como acima. Fatie as endívias assadas e incorpore ao macarrão com a pancetta, o mascarpone e o parmesão fresco ralado, como acima.

20 Rigatoni com camarão, tomate e feta

4 porções

2 colheres (sopa) de azeite
1 cebola bem picada
2 dentes de alho bem picados
1 colher (chá) de purê de tomate
suco de ½ limão-siciliano
1 colher (chá) de açúcar
½ colher (chá) de pimenta-calabresa em flocos
400 g de tomates pelados em lata picados
200 g de camarões grandes congelados sem casca
400 g de rigatoni
50 g de queijo feta
sal e pimenta-do-reino moída na hora
salsa picada, para finalizar

- Aqueça o azeite em uma panela, adicione a cebola e o alho e refogue por alguns minutos até ficarem macios. Junte o purê de tomate, o suco de limão, o açúcar, a pimenta-calabresa em flocos e o tomate. Deixe ferver e reduza a temperatura, apurando em fogo brando por 10 minutos.
- Retire a panela do fogão e, com um mixer, bata até formar um purê suave. Retorne a panela ao fogo, adicione os camarões e refogue por 3-5 minutos, ou até ficarem rosados e no ponto, e tempere bem.
- Enquanto isso, cozinhe o rigatoni em uma panela grande com água fervente e sal, conforme as instruções da embalagem, até ficar *al dente*. Escorra, reservando um pouco da água do cozimento, e retorne à panela. Incorpore o molho de camarão, adicionando a água reservada, se necessário. Sirva com feta e salsa picados.

---

10 Penne com camarão, molho de tomate cru e feta Cozinhe 500 g de penne fresco, seguindo as instruções da embalagem, até ficar *al dente*. Adicione os camarões na panela 5 minutos antes de finalizar o cozimento e deixe até ficarem rosados e no ponto. Enquanto isso, misture em uma tigela 2 tomates picados e sem sementes, 1 colher (sopa) de molho de pimenta doce chinês e um punhado de manjericão picado. Escorra o penne e os camarões e retorne-os à panela. Adicione azeite, misture o molho de tomate e sirva com 50 g de feta.

30 Rigatoni gratinado com tomate, camarão e feta Esquente 500 ml de molho de tomate pronto com 200 ml de caldo de peixe. Mantenha em fogo brando por 10 minutos, como acima. Adicione 400 g de rigatoni à panela e cozinhe por mais 10 minutos, mexendo de vez em quando. Acrescente os camarões como acima e deixe por 3-5 minutos, ou até ficarem rosados. Separadamente, misture 50 g de feta amassado, um punhado de farinha de rosca e um punhado de salsa picada e espalhe no macarrão. Coloque em forno preaquecido por alguns minutos, até dourar.

20 Bucatini com sardinha e erva-doce

4 porções
uma pitada de açafrão
5 colheres (sopa) de água fervente
3 colheres (sopa) de azeite
1 dente de alho bem picado
50 g de farelo de pão
400 g de bucatini
1 cebola picada
1 bulbo de erva-doce picado
1 colher (chá) de sementes de erva-doce
2 filés de anchova em conserva escorridos
2 colheres (sopa) de uvas-passas
4 sardinhas sem espinhas e cortadas em tiras
2 colheres (sopa) de pinholes tostados
um punhado de endro picado
sal e pimenta-do-reino moída na hora

- Coloque o açafrão em uma tigela pequena e adicione a água. Deixe descansar por 5 minutos. Aqueça 1 colher (sopa) de azeite em uma frigideira pequena, acrescente o alho e o farelo e deixe por alguns minutos até dourar. Reserve.
- Cozinhe o bucatini em uma panela grande, conforme as instruções da embalagem, até ficar *al dente*. Aqueça uma colher de azeite em outra frigideira grande, adicione a cebola, o bulbo e as sementes de erva-doce e refogue por 5 minutos, para amaciar. Acrescente as anchovas amassadas e, em seguida, o açafrão dissolvido em água. Adicione as passas e mantenha por 2 minutos.
- Unte os filés de sardinha com o restante do azeite, tempere e grelhe em chapa quente por 3 minutos de cada lado. Escorra o bucatini, reservando um pouco da água, e retorne-o à panela. Incorpore o molho, adicionando a água para soltar massa, se necessário. Tempere bem. Sirva as porções nos pratos, coloque os filés de sardinha por cima e finalize salpicando os pinholes, o farelo tostado e o endro.

---

10 Espaguetine rápido com sardinha

Cozinhe 400 g de espaguetine, até ficar *al dente*. Enquanto isso, coloque 120 g de sardinhas com molho de tomate em lata e 1 tomate picado em uma panela pequena e aqueça. Adicione 1 colher (sopa) de alcaparras. Escorra a massa, reservando um pouco da água, e retorne-a à panela. Incorpore o molho, adicionando a água reservada para soltar o macarrão, e sirva imediatamente.

30 Bucatini ao molho de sardinha e tomate com pesto de nozes

Aqueça um pouco de azeite em uma panela, acrescente 1 tomate picado e refogue lentamente até ficar macio. Adicione 1 dente de alho picado, um pouco de vinagre balsâmico, 300 ml de purê de tomate e cozinhe por 10 minutos. Acrescente 120 g de sardinhas no azeite escorridas e cozinhe por mais 10 minutos. Enquanto isso, cozinhe e escorra o bucatini como acima. No processador, bata 75 g de nozes, 1 dente de alho, um pouco de suco de limão-siciliano, 1 colher (sopa) de alcaparras escorridas, 5 colheres (sopa) de azeite extravirgem e um punhado de manjericão, formando um pesto. Incorpore o molho de sardinha ao bucatini e sirva com o pesto de nozes.

10 Tortelloni fácil com azeitonas e tomate

4 porções

2 colheres (sopa) de azeite
1 dente de alho fatiado
75 g de azeitonas pretas picadas
150 g de tomates-cereja cortados ao meio
1 punhado de folhas de manjericão
500 g de tortelloni de queijo
sal e pimenta-do-reino moída na hora

- Aqueça uma frigideira média até ficar bem quente e, em seguida, adicione o azeite. Acrescente o alho e as azeitonas e refogue por 30 segundos, até começar a chiar. Junte os tomates e cozinhe por alguns minutos, até começarem a amolecer. Tempere e adicione as folhas de manjericão.
- Enquanto isso, cozinhe o tortelloni em uma panela grande com água fervente e sal, conforme as instruções da embalagem. Escorra e incorpore o refogado de tomate. Sirva imediatamente.

20 Farfalle com tapenade e tomate

Cozinhe 400 g de farfalle, conforme as instruções da embalagem, até ficar *al dente*. Enquanto isso, bata no processador 1 dente de alho amassado, o suco de meio limão, 3 filés de anchova escorridos, 100 g de azeitonas pretas picadas, um punhado de salsa e 3 colheres (sopa) de azeite extravirgem até formar uma pasta rústica, a tapenade. Escorra a massa, reservando um pouco da água de cozimento, e retorne-o à panela. Incorpore a tapenade, adicionando a água reservada para soltar, e 2 tomates picados. Sirva imediatamente.

30 Pacotinhos caseiros de quatro queijos com molho de tomate e azeitonas

Em uma tigela, misture 100 g de cream cheese, 75 g de queijo dolcelatte (ou gorgonzola), 75 g de gruyère ralado e 25 g de parmesão fresco ralado. Abra quatro folhas de massa fresca pronta em uma superfície enfarinhada. Usando um cortador, faça 16 rodelas de massa. Como alternativa, é possível usar massa para wantan ou guioza. Pincele um pouco de gema na borda das rodelas e coloque 1 colher (chá) do recheio no centro de cada uma. Dobre as rodelas ao meio e sele com a ponta dos dedos. Cozinhe em porções em uma panela grande com água fervente e sal por 3 minutos. Enquanto isso, aqueça 350 ml de molho de tomate pronto e 75 g de azeitonas pretas picadas em uma panela. Escorra as massas e retorne-as à panela. Incorpore o molho de tomate e sirva imediatamente.

20 Cabelo de anjo à espanhola

4 porções

2 colheres (sopa) de azeite
1 cebola bem picada
1 dente de alho amassado
1 colher (chá) de purê de tomate
1 colher (chá) de páprica
125 ml de vinho branco seco
400 g de tomates pelados em lata picados
1 litro de caldo quente de frango
300 g de cabelo de anjo
200 g de mexilhões limpos
125 g de camarões grandes cozidos com casca
75 g de anéis de lula preparados e limpos

- Aqueça o azeite em uma panela grande, adicione a cebola e o alho e refogue em fogo médio por 5 minutos, ou até ficarem macios. Adicione o purê de tomate e a páprica e, em seguida, o vinho. Deixe ferver por 1-2 minutos, até reduzir um pouco. Adicione os tomates e o caldo e apure.
- Quebre o cabelo de anjo em pedaços de aproximadamente 2,5 cm. Abaixe o fogo para que o molho se mantenha quente, mas sem ferver, e adicione o macarrão. Tampe e cozinhe por 7 minutos, mexendo eventualmente para não deixá-lo grudar.
- Adicione os mexilhões, tampe novamente e cozinhe por mais 3 minutos, até começarem a abrir. Acrescente os anéis de lula e os camarões e deixe por mais 2 minutos, ou até todos os frutos do mar cozinharem e todos os mexilhões abrirem. Descarte os que continuarem fechados.
- Leve a panela para a mesa e sirva.

10 Salada de orzo e frutos do mar

Cozinhe 300 g de orzo (ou risoni), conforme as instruções da embalagem. Adicione 125 g de camarões cozidos sem casca 3 minutos antes de finalizar o cozimento e 75 g de anéis de lula 1 minuto antes do final. Esfrie em água corrente e escorra. Coloque em uma travessa e incorpore um pouco de suco de limão, 2 colheres (sopa) de azeite extravirgem, 2 tomates picados, 50 g de folhas de rúcula e um punhado de azeitonas pretas picadas.

30 Cabelo de anjo com frutos do mar

e frango Pincele um pouco de azeite sobre 2 peitos de frango desossados e asse em forno preaquecido a 200 °C por 20 minutos, ou até atingirem o ponto. Enquanto isso, faça a receita como acima. Fatie o frango, descartando a pele, e adicione à panela com a lula nos últimos 2 minutos de cozimento.

20 Linguine picante com cordeiro

4 porções

2 colheres (sopa) de azeite
4 costeletas de cordeiro com osso
400 g de linguine
2 dentes de alho fatiados
1 pimenta vermelha sem sementes (se preferir) e fatiada
50 ml de vinho branco seco
sal e pimenta-do-reino moída na hora
folhas de hortelã picadas, para finalizar

- Pincele um pouco de azeite nas costeletas de cordeiro, tempere bem e grelhe em chapa preaquecida por 5-7 minutos de cada lado, ou até ficarem douradas e no ponto. Escorra a gordura e corte em fatias finas.
- Enquanto isso, cozinhe o linguine em uma panela grande com água fervente e sal, conforme as instruções da embalagem, até ficar *al dente*.
- Aqueça uma panela e adicione o restante do azeite. Acrescente o alho e a pimenta e frite ligeiramente por 1 minuto, até dourar o alho. Em seguida, adicione o vinho e cozinhe até reduzir à metade. Tempere bem.
- Escorra o macarrão e retorne-o à panela. Incorpore o molho e as fatias de cordeiro e tempere. Sirva salpicado com a hortelã.

---

10 Linguine com cordeiro salteado Cozinhe o linguine como acima. Enquanto isso, corte 2 costeletas de cordeiro em tiras finas. Aqueça 2 colheres (sopa) de azeite em um wok ou frigideira grande, adicione o cordeiro e 2 dentes de alho fatiados e salteie por 5 minutos, ou até ficar no ponto. Acrescente 75 g de azeitonas pretas picadas 1 minuto antes de finalizar o cozimento. Adicione um pouco de suco de limão e um punhado de folhas de hortelã picadas. Escorra o linguine e retorne-o à panela. Incorpore o cordeiro e as azeitonas e sirva imediatamente.

30 Linguine com molho de cordeiro, abobrinha e tomate Aqueça um pouco de azeite em uma frigideira, adicione 2 dentes de alho fatiados e refogue por 30 segundos. Acrescente 3 tomates secos escorridos e picados, 4 tomates picados, um pouco de vinho branco seco e 100 ml de água. Cozinhe por 20 minutos, até engrossar o molho. Grelhe e fatie o cordeiro como acima. Pincele 2 abobrinhas cortadas em fatias grossas com azeite e grelhe por 5 minutos, virando uma vez. Enquanto prepara o cordeiro, cozinhe e escorra o linguine como acima. Incorpore as abobrinhas e o cordeiro ao molho de tomate e aqueça. Adicione o molho ao macarrão. Sirva com queijo de cabra amassado.

20 Penne com batata-doce e espinafre

4 porções

2 batatas-doces descascadas e cortadas em pedaços médios
1 cabeça de alho com os dentes separados
4 colheres (sopa) de azeite
1 colher (sopa) de vinagre balsâmico branco
400 g de penne
200 g de folhas de espinafre tenras
50 g de queijo feta
sal e pimenta-do-reino moída na hora

- Coloque as batatas-doces e o alho em uma assadeira. Regue com 2 colheres (sopa) de azeite, untando tudo por igual. Leve ao forno preaquecido a 180 °C por 15-20 minutos, até as batatas ficarem macias e ligeiramente tostadas.
- Ponha o alho assado (sem casca) em uma tigela e amasse com o garfo para fazer uma pasta, então misture o vinagre e o restante do azeite. Tempere.
- Enquanto isso, cozinhe o penne em uma panela grande com água fervente e sal, conforme as instruções da embalagem, até ficar *al dente*. Adicione o espinafre, escorra e retorne à panela.
- Incorpore o molho de alho ao penne com as batatas-doces assadas. Sirva com o feta amassado.

---

10 Penne rápido com batata-doce e espinafre Cozinhe o penne como acima. Adicione à panela 2 batatas-doces descascadas e cortadas em pedaços médios 7 minutos antes de finalizar o cozimento. Acrescente 200 g de espinafre, escorra e retorne à panela. Misture com 100 g de ricota e 25 g de parmesão fresco ralado. Sirva imediatamente.

---

30 Penne com espinafre e molho de batata-doce Corte 2 batatas-doces ao meio e coloque em uma assadeira. Asse em forno preaquecido a 180 °C por 25-30 minutos, até ficarem macias. Retire a polpa com um garfo e, em uma tigela, misture com 75 g de mascarpone. Enquanto isso, cozinhe o penne e o espinafre como acima. Escorra, reservando um pouco da água do cozimento, e retorne-os à panela. Incorpore o molho de batata--doce, adicionando um pouco da água reservada para soltar o penne. Sirva imediatamente.

30 Lumaconi com porco e cogumelos ao molho de vinho branco

4 porções

2 colheres (sopa) de azeite
1 cebola bem picada
1 dente de alho bem picado
450 g de carne de porco moída
1 colher (sopa) de purê de tomate
250 ml de vinho branco seco
150 ml de caldo quente de frango
150 g de cogumelos limpos e picados
75 ml de creme de leite fresco
400 g de macarrão lumaconi
25 g de parmesão fresco ralado na hora, mais um pouco para servir
sal e pimenta-do-reino moída na hora
salsa picada, para finalizar

- Aqueça 1 colher (sopa) de azeite em uma frigideira grande, adicione a cebola e refogue por alguns minutos, até começar a amolecer. Acrescente o alho e a carne de porco e refogue, separando-a com as costas de uma colher, por 5-10 minutos, até dourar.
- Misture o purê de tomate e deixe por mais 1 minuto. Acrescente o vinho e cozinhe até reduzir à metade, então, adicione o caldo de frango e apure em fogo brando por 10 minutos.
- Aqueça o restante do azeite em outra frigideira. Adicione os cogumelos e refogue por 3 minutos, até ficarem dourados e macios. Junte à carne e acrescente o creme de leite.
- Enquanto isso, cozinhe o lumaconi em uma panela grande com água fervente e sal, conforme as instruções da embalagem, até ficar *al dente*. Escorra, reservando um pouco da água do cozimento, e retorne-o à panela. Incorpore o molho e o parmesão, adicionando a água reservada para soltar a massa, se necessário. Tempere bem.
- Sirva com parmesão e salsa picada.

---

10 Penne com cogumelos e presunto cru Cozinhe e escorra 400 g de penne. Enquanto isso, refogue os cogumelos como acima, adicionando 1 dente de alho picado. Quando estiverem dourados, incorpore à massa com as raspas e o suco de 1 limão e seis fatias de presunto cru rasgadas em tiras. Misture um punhado de folhas de rúcula, se quiser. Sirva imediatamente.

---

20 Lumaconi picante com carne de porco e cogumelos Grelhe 4 costeletas de porco finas em chapa preaquecida em temperatura média por 7 minutos de cada lado, ou até atingirem o ponto. Coloque os cogumelos na grelha 5 minutos antes de retirar as costeletas. Em uma tigela, misture as raspas e o suco de 1 limão, 1 colher (chá) de sementes de erva-doce, 1 pimenta vermelha sem sementes e picada e 5 colheres (sopa) de creme de leite fresco. Enquanto isso, cozinhe e escorra o lumaconi como acima. Corte a carne em fatias finas e misture à massa com os cogumelos, o creme picante e 2 tomates picados. Sirva imediatamente.

Preferidos da família

Listas de receitas por tempo de preparo

30

20

10

30 Penne ao forno com tomate e muçarela de búfala

4 porções

2 colheres (sopa) de azeite, mais um pouco para untar
2 dentes de alho bem picados
400 g de tomates pelados em lata picados
um punhado de folhas de orégano picadas, mais um pouco para finalizar
400 g de penne
250 g de bolinhas de muçarela de búfala cortadas ao meio
50 g de parmesão fresco ralado
sal e pimenta-do-reino moída na hora

- Aqueça o azeite em uma frigideira grande, adicione o alho e frite por 30 segundos. Em seguida, adicione os tomates e o orégano e refogue-os em fogo brando, mexendo bem por 10-12 minutos, ou até engrossar. Tempere a gosto.
- Enquanto isso, cozinhe o penne em uma panela grande com água fervente e sal até ficar *al dente*. Escorra, reservando um pouco da água do cozimento, e retorne-o à panela. Acrescente o molho de tomate, reservando 2 colheres (sopa), e, se necessário, um pouco da água reservada.
- Coloque metade da massa em uma travessa refratária untada e cubra com metade da muçarela e do parmesão. Adicione o restante do penne e finalize com o molho de tomate e os queijos restantes.
- Leve ao forno preaquecido a 200 °C por 15 minutos, ou até dourar e borbulhar. Sirva imediatamente.

10 Penne simples com queijo e tomate

Cozinhe, escorra o penne e, em seguida, adicione 4 tomates picados, 3 colheres (sopa) de creme de leite fresco e um punhado de folhas de rúcula picadas. Sirva com 150 g de muçarela fatiada e um pouco de parmesão fresco ralado.

20 Penne borbulhante com tomate, queijo e presunto

Cozinhe o penne. Enquanto isso, coloque 500 ml de molho de tomate pronto e 200 g de presunto em pedaços em uma panela grande e aqueça. Escorra a massa e adicione o molho. Passe-o para uma travessa refratária, espalhe 150 g de gruyère ralado e asse em forno preaquecido em temperatura média por 10 minutos, ou até dourar e borbulhar.

10 Espaguete à carbonara

4 porções
400 g de espaguete
150 g de bacon
2 gemas
4 colheres (sopa) de creme de leite fresco
25 g de parmesão fresco ralado na hora, mais um pouco para servir
sal e pimenta-do-reino moída na hora
salada de folhas de sua preferência, para servir

- Cozinhe o espaguete em uma panela grande com água fervente e sal até ficar *al dente*.
- Enquanto isso, frite o bacon até ficar crocante. Deixe esfriar por 1 minuto e corte-o em pedaços pequenos. Misture as gemas, o creme de leite e o parmesão em uma tigela.
- Escorra o macarrão, reservando um pouco da água do cozimento, e retorne-o à panela. Incorpore o bacon e o molho cremoso, adicionando um pouco da água reservada para soltar a massa, se necessário. Tempere bem.
- Divida as porções nos pratos, salpique o parmesão e sirva acompanhado por uma salada de folhas.

---

20 Espaguete à carbonara de verão Aqueça 1 colher (sopa) de azeite em uma frigideira com 2 abobrinhas fatiadas e refogue por 8 minutos, virando uma vez, até dourarem. Adicione 1 dente de alho fatiado, 2 cebolinhas fatiadas e refogue por 30 segundos. Enquanto isso, faça a receita como acima e misture as abobrinhas ao espaguete com o bacon e o molho cremoso. Salpique manjericão para servir.

---

30 Espaguete à carbonara com ovos pochés Quebre 1 ovo em uma xícara pequena. Em uma panela rasa, coloque um pouco de água e deixe levantar fervura. Mexa a água com força até fazer um redemoinho e deslize com cuidado o ovo para o centro dele. Deixe cozinhar por 3 minutos, retire-o com uma escumadeira e mantenha aquecido. Repita o processo com mais 3 ovos. Enquanto isso, faça a receita acima. Sirva com os ovos pochés.

30 Minestrone

4 porções

2 colheres (sopa) de azeite
1 cebola picada
1 cenoura descascada e picada
1 talo de aipo picado
1 colher (chá) de purê de tomate
2 dentes de alho bem picados
400 g de tomates pelados em lata picados
750 ml de caldo quente de frango ou legumes
folhas de 2 ramos de tomilho
125 g de macarrão ditalini
250 g de feijão-branco cozido sem caldo
½ repolho
sal e pimenta-do-reino moída na hora
parmesão fresco ralado na hora, para servir

- Aqueça o azeite em uma panela grande, adicione a cebola, a cenoura e o aipo e refogue em fogo baixo por 10 minutos, até ficarem bem macios.
- Junte o purê de tomate e o alho, acrescente os tomates, o caldo, o tomilho e cozinhe em fogo brando por 10 minutos.
- Adicione o ditalini e os feijões à sopa e cozinhe por mais 10 minutos. Acrescente o repolho 5 minutos antes de finalizar o cozimento. Tempere bem.
- Coloque as porções em tigelas ou pratos fundos, salpique o parmesão ralado e sirva.

---

10 Minestrone rápido de primavera Aqueça 1 colher (sopa) de azeite em uma panela grande, adicione 1 dente de alho amassado e cozinhe por 30 segundos. Acrescente 1 litro de caldo quente de legumes e 125 g de ditalini. Cozinhe por 8 minutos. Adicione 50 g de feijões-verdes limpos e 1 tomate grande sem sementes picado 5 minutos antes de finalizar o cozimento. Junte 50 g de vagem-manteiga e 50 g de ervilhas congeladas 3-4 minutos antes de finalizar o cozimento. Sirva como acima.

---

20 Sopa simples de presunto e feijão-branco Coloque 350 ml de molho de tomate pronto e 1 litro de caldo quente de frango em uma panela grande e cozinhe em fogo brando por 5 minutos. Adicione 200 g de presunto em cubos e 400 g de feijão-branco pronto escorrido e leve ao fogo brando por mais 5 minutos. Acrescente 125 g de ditalini e cozinhe por 10 minutos, ou até o macarrão ficar no ponto. Salpique folhas de manjericão para servir.

20 Macarrão aos quatro queijos com salada de agrião

4 porções

400 g de macarrão messicani (ou cavatappi)
200 g de mascarpone ou cream cheese
75 g de gorgonzola suave amassado
75 g de fontina ralado
25 g de parmesão fresco ralado
sal e pimenta-do-reino moída na hora

Para a salada de agrião

1 colher (chá) de vinagre de vinho branco
1 colher (sopa) de azeite extravirgem
75 g de agrião

- Cozinhe o messicani em uma panela grande com água fervente e sal até ficar *al dente*. Escorra, reservando pelo menos 50 ml da água do cozimento, e retorne à panela. Misture os queijos, adicione a água reservada suficiente para fazer um molho cremoso e tempere.
- Misture o vinagre e o azeite e incorpore ao agrião em uma tigela separada. Tempere bem.
- Sirva as porções nos pratos com a salada de agrião por cima.

---

10 Tortelloni quatro queijos com iogurte e agrião Ponha 150 g de iogurte natural em uma tigela refratária. Coloque-a em banho-maria e deixe por 5 minutos. Enquanto isso, cozinhe 500 g de tortelloni quatro queijos, conforme as instruções da embalagem, escorra e retorne à panela. Incorpore o iogurte e um punhado de folhas de agrião picadas. Sirva imediatamente.

30 Penne quatro queijos com agrião ao forno Cozinhe 400 g de penne até ficar *al dente*. Enquanto isso, coloque seis fatias de bacon em uma frigideira preaquecida em temperatura média por 10 minutos, ou até ficarem crocantes. Deixe esfriar por 1 minuto e corte em pedaços médios. Em uma tigela, misture os quatro queijos, como acima, com 100 ml de leite. Escorra a massa e retorne-a à panela. Incorpore o bacon e o molho de queijo. Adicione 100 g de agrião picado e passe para uma travessa refratária. Espalhe 50 g de farinha de rosca e asse em forno preaquecido em temperatura média por 15 minutos, ou até dourar e borbulhar.

20 Salada de trofie com tomate seco e rúcula

4 porções

325 g de trofie tricolore (ou fusilli)
50 g de maionese
50 g de cream cheese
25 g de parmesão fresco ralado na hora
125 g de tomates secos em conserva escorridos
75 g de folhas de rúcula
sal e pimenta-do-reino moída na hora

- Cozinhe o trofie em uma panela grande com água fervente e sal, conforme as instruções da embalagem, até ficar *al dente*. Esfrie em água corrente e escorra.
- Enquanto isso, misture a maionese, o cream cheese e o parmesão em uma tigela grande e tempere. Misture os tomates secos e a rúcula à massa e sirva com a maionese à parte.

---

10 Orzo com tomate e rúcula Cozinhe, conforme as instruções da embalagem, e escorra 325 g de orzo (ou risoni). Enquanto isso, bata 125 g de tomates secos escorridos e 50 g de cream cheese no processador até formar um molho. Incorpore ao orzo escorrido com 75 g de folhas de rúcula. Sirva imediatamente.

---

30 Salada morna de trofie com berinjela, tomate e rúcula Corte 1 berinjela em cubos e coloque em uma travessa refratária. Regue com bastante azeite e salpique um pouco de sal e de pimenta-calabresa em flocos. Coloque em forno preaquecido a 180 °C por 20-25 minutos. Deixe esfriar ligeiramente. Enquanto isso, cozinhe o trofie. Escorra, deixe esfriar um pouco e coloque em uma travessa. Incorpore 1 colher (sopa) de vinagre balsâmico, os tomates secos, a berinjela e 2 colheres (sopa) de azeite extravirgem. Misture as folhas de rúcula para servir.

20 Fusilli com ervilha, bacon e ricota

4 porções

5 colheres (sopa) de azeite
2 dentes de alho
175 g de ervilhas congeladas
um punhado de folhas de hortelã picadas, mais um pouco para finalizar (opcional)
suco de limão-siciliano e as raspas, para finalizar
400 g de fusilli
4 tiras de bacon
25 g de parmesão fresco ralado, mais um pouco para servir
100 g de ricota amassada
sal e pimenta-do-reino moída na hora

- Para o azeite aromatizado com alho: aqueça o azeite em uma frigideira pequena, adicione o alho e refogue em fogo bem baixo por 5 minutos ou até dourar.
- Cozinhe as ervilhas em uma panela pequena com água fervente por 2-3 minutos, ou até ficarem macias. Esfrie em água corrente e escorra. Reserve um pouco do azeite para o macarrão. No processador, bata metade das ervilhas, o azeite aromatizado, os dentes de alho, a hortelã, o suco de limão, o sal e a pimenta-do-reino.
- Cozinhe o fusilli em uma panela grande com água fervente e sal até ficar *al dente*. Toste o bacon em uma grelha preaquecida em temperatura média por 10 minutos, virando uma vez, até ficar crocante.
- Escorra o fusilli, reservando um pouco da água do cozimento, e retorne-o à panela. Incorpore o azeite reservado e a água do cozimento para soltar a massa. Junte o restante das ervilhas e o parmesão. Sirva as porções nos pratos, colocando uma colherada do purê de ervilha, a ricota e o bacon picado por cima. Finalize com folhas de hortelã e parmesão.

---

10 Fusilli ao pesto com ervilha, bacon e ricota Cozinhe o fusilli. Adicione as ervilhas à panela, 2-3 minutos antes de finalizar o cozimento. Enquanto isso, toste o bacon, escorra o macarrão com as ervilhas, retorne-os à panela e incorpore 5 colheres (sopa) de pesto pronto. Corte 125 g de muçarela em pedaços e misture com o fusilli até começar a derreter. Acrescente bacon e ricota para servir.

30 Bolinhos de aletria com ervilha, bacon e ricota Cozinhe 325 g de aletria, conforme as instruções da embalagem. Adicione as ervilhas à panela 2-3 minutos antes de finalizar o cozimento. Esfrie em água corrente e escorra. Em uma tigela, misture 250 g de ricota, 5 ovos batidos, 3 fatias de bacon grelhadas e cortadas, as raspas de 1 limão-siciliano e um punhado de folhas de manjericão e incorpore à massa com as ervilhas. Unte uma fôrma para muffins com 12 cavidades e divida a mistura de macarrão entre elas. Espalhe 25 g de cheddar ralado e leve ao forno preaquecido a 200 °C por 15 minutos, até cozinhar e dourar.

20 Sopa de tomate com macarrão de letrinhas

4 porções

2 colheres (sopa) de azeite
1 cebola bem picada
1 cenoura descascada e bem picada
1 talo de aipo bem picado
2 colheres (chá) de purê de tomate
400 g de tomates pelados em lata picados
1 colher (chá) de açúcar
250 ml de caldo quente de legumes
um punhado de folhas de manjericão picadas
100 g de macarrão de letrinhas
sal

- Aqueça o azeite em uma panela grande, adicione os legumes e refogue por 5 minutos, até ficarem macios. Coloque o purê de tomate, os tomates, o açúcar e o caldo e deixe levantar fervura. Abaixe o fogo e apure por 12 minutos.
- Acrescente o manjericão e retire a panela do fogo. Com um mixer, bata até formar uma sopa homogênea.
- Enquanto isso, cozinhe o macarrão em uma panela grande com água fervente e sal por 2 minutos a menos do que o indicado na embalagem. Escorra, coloque-o o na sopa e retorne a panela ao fogo.
- Deixe cozinhar em fogo brando por mais alguns minutos. Sirva em tigelas ou pratos de sopa.

---

10 Macarrão de letrinhas com tomate e rúcula Aqueça um pouco de azeite em uma panela grande, adicione 1 dente de alho picado e refogue até ficar macio. Acrescente 100 g de macarrão de letrinhas ou estrelinhas. Adicione 150 ml de caldo quente de legumes e 2 tomates picados. Deixe levantar fervura, tampe e mantenha em fogo brando por 5 minutos, ou até o macarrão cozinhar e o líquido ter sido absorvido. Adicione um punhado de folhas de rúcula e sirva imediatamente.

---

30 Sopa de letrinhas com tomate fresco Coloque 1 kg de tomate em uma tigela refratária e adicione água fervente suficiente para cobri-los. Deixe por 1-2 minutos e escorra. Com uma faca, faça uma cruz na base de cada tomate e retire a pele. Corte os tomates ao meio, remova as sementes e pique-os grosseiramente. Faça a sopa de tomate como acima, substituindo o tomate enlatado pelo fresco e adicionando um pouco mais de caldo à sopa, se necessário.

30 Lasanha de presunto e abobrinha

4 porções

500 ml de molho de tomate pronto
6 fatias de presunto cortadas em pedaços médios
um punhado de folhas de manjericão picadas
1 abobrinha ralada
8 folhas de lasanha fresca
150 ml de creme de leite fresco
6 colheres (sopa) de água
25 g de parmesão fresco ralado na hora
sal e pimenta-do-reino moída na hora

- Coloque o molho de tomate em uma panela e aqueça. Adicione o presunto, o manjericão e a abobrinha e tempere.
- Enquanto isso, prepare as folhas de lasanha, conforme as instruções da embalagem. Em uma tigela, misture o creme de leite fresco e a medida de água até ficar homogêneo.
- Espalhe um terço do molho de tomate no fundo de uma travessa refratária média. Despeje um quarto do creme sobre o molho e coloque um terço das folhas de lasanha. Faça camadas seguindo a mesma ordem com os ingredientes restantes e finalize com o creme e uma boa quantidade de parmesão ralado.
- Leve ao forno preaquecido a 200 °C por 15 minutos, ou até ficar borbulhante e cozido.

---

10 Lasanha aberta de presunto cru e abobrinha Cozinhe 8 folhas de lasanha fresca em uma panela grande com água fervente e sal por 3-5 minutos, ou até ficarem macias. Escorra bem e corte em quadrados. Enquanto isso, aqueça a abobrinha e o manjericão no molho de tomate, adicionando quatro fatias de presunto cru picadas. Alterne camadas de massa e molho de tomate. Finalize com uma colherada de creme de leite fresco.

---

20 Linguine com bacon e abobrinha Cozinhe 400 g de linguine, conforme as instruções da embalagem, até ficar *al dente*. Enquanto isso, corte 2 abobrinhas em fatias finas. Em uma grelha preaquecida em temperatura média toste seis fatias de bacon por 5-10 minutos, virando uma vez, até ficarem douradas e cozidas. Coloque 50 ml de creme de leite fresco e as raspas de 1 limão-siciliano em uma panela pequena e cozinhe até reduzir. Escorra o macarrão e retorne-o à panela. Fatie o bacon e incorpore ao linguine com o creme, as abobrinhas grelhadas e um punhado de folhas de rúcula. Sirva imediatamente.

20
Fettuccine Alfredo com frango

4 porções

2 filés de peito de frango
400 g de fettuccine
25 g de manteiga
125 ml de creme de leite light
50 g de parmesão fresco ralado na hora
sal e pimenta-do-reino moída na hora
cebolinhas-francesas em fatias bem finas, para finalizar

- Coloque os filés de frango em uma panela pequena, cubra-os com água e cozinhe em fogo baixo por 12-15 minutos.
- Enquanto isso, cozinhe o fettuccine em uma panela grande com água fervente e sal, conforme as instruções da embalagem, até ficar *al dente*.
- Em outra panela, derreta a manteiga, acrescente o creme de leite, cozinhe em fogo brando por 1-2 minutos e tempere bem. Usando um garfo, desfie o frango em pedaços médios.
- Escorra a massa, reservando um pouco da água do cozimento, e retorne-a à panela. Misture o frango, o molho cremoso e o parmesão, adicionando um pouco da água reservada para soltar, se necessário. Tempere bem.
- Sirva nos pratos e salpique a cebolinha-francesa para finalizar.

---

10 **Espaguete Alfredo rápido com frango** Cozinhe 400 g de espaguete instantâneo e prepare o molho branco como acima. Escorra o macarrão, reservando um pouco da água do cozimento, e retorne-o à panela. Incorpore 2 filés de peito de frango assados e desfiados, o molho e o parmesão. Sirva imediatamente.

---

30 **Fettuccine com frango ao molho de vinho branco** Derreta 25 g de manteiga, adicione 1 cebola fatiada e refogue em fogo baixo por 15 minutos, até ficar macia e levemente dourada. Regue com 75 ml de vinho branco seco e cozinhe por 5-10 minutos, até reduzir. Junte 125 ml de creme de leite fresco e cozinhe em fogo baixo por 1-2 minutos. Enquanto isso, cozinhe o frango e o fettuccine como na receita acima. Escorra o macarrão e incorpore o frango cortado em pedaços pequenos e o molho de vinho. Sirva imediatamente.

30 Rolinhos de pimentão vermelho e ricota

4 porções

8 folhas de lasanha seca
500 g de ricota
75 g de parmesão fresco ralado
2 pimentões vermelhos assados e cortados em tiras
350 ml de molho de tomate pronto
óleo ou azeite, para untar
150 g de tomates-cereja cortados ao meio
sal

- Cozinhe as folhas de lasanha em uma panela grande com água fervente e sal durante 6 minutos. Esfrie em água corrente e escorra.
- Espalhe a ricota sobre uma folha de lasanha e salpique um pouco de parmesão. Arrume algumas tiras de pimentão vermelho por cima e enrole bem, formando um tubo. Corte-o em pequenos cilindros de cerca de 2 cm de comprimento. Repita o procedimento com as folhas de lasanha restantes.
- Espalhe o molho de tomate sobre uma travessa refratária ligeiramente untada. Arrume os rolinhos. Preencha os espaços com tomates-cereja e espalhe o restante do parmesão por cima.
- Leve ao forno preaquecido a 200 °C por 15 minutos, ou até os rolinhos ficarem macios e o molho, borbulhante.

10 Salada fácil de conchiglie com molho de pimentão vermelho e ricota Cozinhe 500 g de conchiglie fresco, conforme as instruções da embalagem, até ficar *al dente*. Enquanto isso, bata 2 pimentões vermelhos assados, 2 tomates sem sementes, 1 dente de alho amassado, um punhado de folhas de manjericão e 3 colheres (sopa) de azeite extravirgem no processador. Escorra a massa, coloque-a em uma travessa e misture com o molho de pimentão vermelho. Sirva com 125 g de ricota.

20 Rolinhos de abobrinha e ricota Faça a receita como acima, substituindo os pimentões vermelhos por 2 abobrinhas em tiras finas. Pincele as tiras de abobrinha com 2 colheres (sopa) de azeite e grelhe em chapa preaquecida em temperatura média por 2-3 minutos de cada lado, até ficarem ligeiramente tostadas e macias. Ajeite as abobrinhas nas folhas de lasanha com o queijo e finalize como acima.

20 Farfalle com almôndegas de frango ao molho de pimentão vermelho

4 porções

300 g de frango desfiado
2 cebolinhas bem picadas
1 gema
25 g de farinha de rosca
50 g de milho-verde
4 colheres (sopa) de azeite, mais um pouco para untar
400 g de farfalle
3 pimentões vermelhos assados
um punhado de folhas de manjericão picadas, mais um pouco para finalizar (opcional)
sal e pimenta-do-reino moída na hora

- Misture o frango, as cebolinhas, a gema, a farinha de rosca e o milho em uma tigela e tempere bem. Umedeça as mãos e modele almôndegas do tamanho de uma noz com a mistura.
- Em uma assadeira untada, regue os bolinhos com 1 colher (sopa) de azeite. Leve ao forno preaquecido a 200 °C por 12-15 minutos, virando uma vez, até ficarem cozidos.
- Cozinhe o farfalle em uma panela com água fervente e sal, conforme as instruções da embalagem, até ficar *al dente*.
- Bata os pimentões, 2 colheres (sopa) de azeite e o manjericão no processador, até formar um molho denso. Escorra a massa, reservando um pouco da água, e retorne-a à panela. Incorpore o restante do azeite e o molho de pimentão vermelho, adicionando um pouco da água reservada para soltar o farfalle, se necessário.
- Sirva com as almôndegas, salpicado com manjericão.

---

10 Salada de orzo com frango, milho e pimentão vermelho Cozinhe 300 g de orzo (ou risoni), conforme as instruções da embalagem, adicionando 100 g de milho enlatado 1 minuto antes de finalizar o cozimento. Esfrie em água corrente e escorra. Coloque em uma travessa e misture com 1 peito de frango assado (comprado pronto) sem pele e desfiado, 5 colheres (sopa) de maionese, 1 pimentão vermelho sem sementes e picado e um punhado de folhas de manjericão picadas.

30 Farfalle com frango e milho ao molho de pimentão vermelho Aqueça 4 colheres (sopa) de azeite em uma frigideira, adicione 2 dentes de alho fatiados e refogue por 30 segundos. Adicione 4 pimentões vermelhos sem sementes e picados, reduza o fogo e cozinhe por 15 minutos ou até amolecer. Acrescente 200 ml de purê de tomate e apure por mais 10 minutos até engrossar. Enquanto isso, frite em um pouco de azeite 2 filés de peito de frango temperados por 7 minutos até ficarem dourados e cozidos. Retire da panela. Adicione 50 g de milho e refogue por 1-2 minutos até ficar ligeiramente dourado. Fatie o frango. Enquanto prepara os pimentões e o frango, cozinhe e escorra o farfalle como acima. Misture as fatias de frango e o molho de pimentão vermelho e sirva com o milho e as folhas de manjericão picadas.

30 Espaguete com frutos do mar em molho cremoso

4 porções

15 g de manteiga
1 echalota bem picada
100 ml de vermute seco
200 ml de caldo quente de peixe
300 g de filés de salmão
75 g de camarão pequeno cozido e descascado
12 vieiras limpas
150 ml de creme de leite fresco
1 punhado de cebolinha picada, mais um pouco para finalizar
400 g de espaguete
sal e pimenta-do-reino moída na hora

- Derreta a manteiga em uma panela, adicione a echalota e refogue por 3 minutos, até amolecer. Acrescente o vermute e deixe ferver por 5 minutos até reduzir à metade. Junte o caldo, coloque o salmão na panela, cobrindo-o totalmente com o líquido, e cozinhe por 5-10 minutos, ou até as lascas se soltarem facilmente. Retire da panela, descarte a pele e desfie em pedaços médios.
- Coloque os camarões na panela, adicione as vieiras e cozinhe por mais 2 minutos. Reserve com o salmão.
- Adicione o creme de leite e deixe borbulhar até reduzir o molho. Tempere. Cuidadosamente, incorpore os frutos do mar reservados, aqueça e acrescente a cebolinha.
- Enquanto isso, cozinhe o espaguete em uma panela grande com água fervente e sal, conforme as instruções da embalagem, até ficar *al dente*. Escorra, incorpore o molho de frutos do mar e tempere. Sirva salpicado com a cebolinha.

---

10 Espaguete simples com frutos do mar

Cozinhe o espaguete como indicado acima e, 3 minutos antes de finalizar o cozimento, adicione à panela 200 g de camarão grande cru descascado e, 2-3 minutos antes de desligar o fogo, 100 g de ervilhas congeladas. Cozinhe até os camarões ficarem rosados e cozidos. Escorra bem e retorne-os à panela. Incorpore 100 g de creme de leite fresco e um punhado de endro picado. Sirva na hora.

20 Espaguete com frutos do mar e presunto cru

Cozinhe o espaguete como indicado acima. Enquanto isso, derreta um pouco de manteiga em uma frigideira grande, adicione 4 cebolinhas fatiadas e refogue por alguns minutos até amolecer. Acrescente 8 vieiras grandes e limpas e um punhado de camarões crus grandes descascados. Tempere e cozinhe em fogo médio por 2 minutos, até os camarões ficarem rosados, e as vieiras, douradas. Retire da panela e reserve. Coloque um pouco de vinho branco seco e deixe borbulhar até reduzir. Acrescente 100 ml de creme de leite fresco e adicione os frutos do mar para aquecer. Em outra frigideira, aqueça 1 colher (chá) de azeite, duas fatias de presunto cru e frite por 1-2 minutos, ou até dourarem. Escorra o espaguete e incorpore o molho de frutos do mar. Adicione o presunto cru e sirva imediatamente.

20 Frango à parmegiana com fusilli longo ao sugo

4 porções

100 g de farinha de rosca
25 g de parmesão fresco ralado
4 colheres (sopa) de azeite, mais um pouco para untar
4 filés de peito de frango pequenos
75 g de muçarela (4 fatias)
300 g de fusilli longo
250 ml de molho pronto de tomate
sal e pimenta-do-reino moída na hora
folhas para salada de sua preferência, para servir

- Misture a farinha de rosca e o parmesão em um prato e tempere. Pincele cada um dos filés de frango com cerca de 2 colheres (chá) de azeite, pressione e envolva-os na mistura de farinha de rosca até cobri-los. Coloque em uma frigideira ligeiramente untada.
- Adicione um pouco mais de azeite e frite por 10 minutos, virando uma vez, até ficarem dourados e cozidos. Coloque uma fatia de muçarela sobre cada filé e aqueça por mais 2 minutos, ou até derreter o queijo.
- Enquanto isso, cozinhe o fusilli em uma panela grande com água fervente e sal, conforme as instruções da embalagem, até ficar *al dente*. Aqueça o molho de tomate em uma panela pequena. Escorra a massa e misture ao molho. Corte cada filé ao meio. Sirva as porções em pratos, com a parmegiana de frango e a salada verde.

---

10 Espaguete simples com frango, tomate e muçarela Aqueça 1 colher (sopa) de azeite em um wok ou frigideira grande, acrescente 300 g de tiras de frango e salteie por 7 minutos, ou até cozinharem por inteiro. Adicione 250 ml de molho pronto de tomate e deixe em fogo brando por 1-2 minutos. Enquanto isso, cozinhe 400 g de espaguete, conforme as instruções da embalagem. Escorra e retorne-o à panela. Corte 75 g de muçarela em pedaços pequenos e misture com o espaguete e o molho de frango. Sirva imediatamente.

30 Fusilli ao forno com frango, muçarela e tomate Cozinhe 400 g de fusilli, conforme as instruções da embalagem, até ficar *al dente*. Escorra e retorne-o à panela. Junte 250 ml de molho pronto de tomate e 2 filés de peito de frango assados (comprados prontos) e desfiados. Coloque tudo em uma travessa refratária. Em separado, misture 150 g de creme de leite fresco com leite suficiente para fazer um molho. Despeje esse molho sobre o fusilli, salpique 125 g de muçarela ralada e leve ao forno preaquecido a 200 °C por 6 minutos até gratinar e borbulhar.

20 Chifferi com molho cremoso de mostarda e linguiça

4 porções

2 colheres (sopa) de azeite
6 linguiças de porco
1 cebola em fatias grossas
2 colheres (chá) de mostarda extraforte
150 ml de caldo quente de legumes ou frango
75 g de creme de leite fresco
suco e raspas de ½ limão-siciliano
400 g de macarrão chifferi
sal
salsa picada, para finalizar

- Pincele um pouco de azeite sobre as linguiças e toste-as em grelha preaquecida à temperatura média por 15 minutos, ou até ficarem douradas e cozidas. Deixe esfriar ligeiramente e corte em pedaços médios.
- Enquanto isso, aqueça o restante do azeite em uma panela, acrescente a cebola e refogue por 10 minutos até ficar macia. Junte a mostarda e o caldo e cozinhe em fogo brando por 5 minutos. Misture o creme de leite fresco, o suco de limão e a maior parte das raspas.
- Enquanto isso, prepare o chifferi em uma panela grande com água fervente e sal, conforme as instruções da embalagem, até ficar *al dente*. Escorra, reservando um pouco da água do cozimento, e retorne-o à panela. Incorpore as linguiças e o molho, adicionando um pouco da água reservada para soltar a massa, se necessário.
- Sirva as porções e finalize com salsa picada e o restante das raspas de limão.

---

10 Chifferi rápido ao molho de mostarda e pancetta Cozinhe e escorra o chifferi como acima. Enquanto isso, aqueça um pouco de azeite em uma frigideira, adicione 150 g de pancetta em cubos e 2 dentes de alho fatiados e refogue por 5 minutos. Junte 2 colheres (chá) de mostarda extraforte e 75 g de creme de leite fresco. Incorpore à massa e sirva como acima.

30 Chifferi com cebola macia e linguiça na mostarda Aqueça um pouco de azeite em uma frigideira, adicione 1 cebola roxa fatiada e refogue em fogo baixo por 20-25 minutos, até ficar macia e dourada. Enquanto isso, grelhe as linguiças como indicado acima e corte em pedaços médios. Junte à cebola 1 dente de alho picado, um pouco de vinho branco seco, 1 folha de sálvia picada e 2 colheres (chá) de mostarda extraforte. Deixe cozinhar por 5 minutos em fogo brando, então adicione 2 colheres (sopa) de creme de leite fresco. Enquanto isso, cozinhe e escorra o chifferi como acima. Incorpore o molho e sirva imediatamente.

20 Garganelli cozido com tomate

4 porções

4 colheres (sopa) de azeite
350 g de macarrão garganelli (ou penne, ou outra massa tubular)
folhas de 1 ramo de tomilho
4 colheres (sopa) de purê de tomate
2 colheres (chá) de vinagre tinto
2,5 litros de caldo quente de frango
uma pitada de açúcar
125 g de tomates-cereja cortados ao meio
sal e pimenta-do-reino moída na hora
folhas de manjericão picadas, para finalizar
lascas de parmesão fresco, para servir

- Em uma caçarola grande, funda e refratária, aqueça o azeite, adicione o garganelli e mexa durante alguns minutos, incorporando o azeite, até dourar. Acrescente o tomilho, o purê de tomate e o vinagre e mexa bem para envolver toda a massa.
- Adicione uma concha bem cheia de caldo e o açúcar. Mantendo em fogo brando, adicione o restante do caldo, uma concha de cada vez, e mexa ocasionalmente.
- Após cozinhar 10 minutos, acrescente o tomate. Cozinhe por mais 5-10 minutos, até que o líquido tenha sido absorvido ou que a massa esteja macia. Tempere bem e sirva com manjericão e lascas de parmesão.

---

10 Penne com pesto de tomate seco e manjericão Cozinhe 400 g de penne, conforme as instruções da embalagem, até ficar *al dente*. Enquanto isso, bata no processador 50 g de tomates secos escorridos, 2 dentes de alho amassados, 25 g de pinholes torrados, 1 colher (chá) de vinagre balsâmico, 3 colheres (sopa) de azeite extravirgem e um punhado de folhas de manjericão até formar o pesto. Escorra o penne, reserve um pouco da água do cozimento, e retorne-o à panela. Incorpore o pesto, adicionando um pouco da água reservada para soltar a massa, se necessário. Sirva imediatamente.

30 Garganelli com tomate cozido lentamente Corte ao meio e tire as sementes de 250 g de tomates italianos. Coloque em uma frigideira grande com 125 ml de azeite e 3 dentes de alho e refogue em fogo bem baixo por 20-25 minutos, até ficarem macios e quase desmanchando. Tempere bem. Enquanto isso, cozinhe e escorra o garganelli. Incorpore os tomates à massa, com um punhado de manjericão picado e um punhado de parmesão ralado na hora. Sirva imediatamente.

20 Espaguete à bolonhesa fácil com linguiça

4 porções

1 colher (sopa) de azeite
6 linguiças ao alho
1 cebola bem picada
150 g de champignons cortados em quartos
1 colher (chá) de purê de tomate
400 g de tomates pelados em lata picados
um punhado de folhas de manjericão bem picadas
125 ml de água
400 g de espaguete
sal e pimenta-do-reino moída na hora
parmesão fresco ralado na hora, para servir

- Aqueça bem uma frigideira grande e adicione o azeite. Retire a pele das linguiças e despedace-as na frigideira. Frite por alguns minutos, soltando a carne com as costas de uma colher. Quando começar a ganhar cor, adicione a cebola e refogue por mais 5 minutos. Acrescente os champignons e cozinhe até ficarem macios.
- Junte o purê de tomate, os tomates, o manjericão e a medida de água. Deixe levantar fervura, baixe o fogo e cozinhe por 10 minutos. Tempere bem.
- Enquanto isso, cozinhe o espaguete em uma panela grande com água fervente e sal, conforme as instruções da embalagem, até ficar *al dente*, então escorra. Sirva as porções em pratos, colocando o molho por cima. Finalize com parmesão fresco ralado.

10 **Espaguete à bolonhesa simples com bacon** Cozinhe e escorra o espaguete como acima. Enquanto isso, aqueça um pouco de azeite em uma frigideira, adicione três fatias de bacon bem picadas e frite por 1-2 minutos. Acrescente 350 ml de molho à bolonhesa pronto e junte 250 g de lentilhas prontas. Cozinhe em fogo brando por 5 minutos e incorpore ao macarrão escorrido. Sirva imediatamente.

30 **Espaguete à bolonhesa com almôndegas de linguiça** Retire a pele das linguiças como acima e coloque em uma tigela. Umedeça ligeiramente as mãos e faça bolinhas com a carne da linguiça. Frite em azeite como acima, adicionando a cebola. Acrescente 75 ml de vinho branco seco e deixe apurar até ficarem quase cozidas. Então, junte o purê de tomate, os tomates e a medida de água e continue como acima.

30 Frigideira de maccheroni com queijo

4 porções

325 g de maccheroni (ou qualquer massa pequena e tubular)
50 g de manteiga
50 g de farinha de trigo
600 ml de leite
100 g de cheddar ralado
25 g de farinha de rosca
25 g de parmesão fresco ralado na hora
sal e pimenta-do-reino moída na hora

- Cozinhe o maccheroni em uma panela grande com água fervente e sal até ficar *al dente*.
- Enquanto isso, derreta a manteiga em uma frigideira grande com cabo refratário e acrescente a farinha para fazer uma pasta suave. Refogue até dourar e adicione o leite gradualmente, mexendo sempre. Deixe levantar fervura em fogo médio e cozinhe por cerca de 3 minutos, até engrossar ligeiramente. Retire do fogo, misture o queijo e tempere.
- Escorra a massa e coloque-a na frigideira. Incorpore bem o molho de queijo. Espalhe a farinha de rosca e o parmesão.
- Leve ao forno preaquecido a 190 °C por 15 minutos, ou até gratinar e borbulhar.

---

10 **Chifferi ao molho de queijo** Cozinhe 400 g de chifferi, conforme as instruções da embalagem, até ficar *al dente*. Enquanto isso, coloque 1 dente de alho e 100 ml de creme de leite fresco em uma panela e cozinhe por 5 minutos. Descarte o alho e adicione 50 g de parmesão fresco ralado. Escorra a massa e retorne à panela. Incorpore o molho e sirva imediatamente.

---

20 **Maccheroni gratinado com queijo** Derreta um pouco de manteiga em uma panela, adicione 1 cebola pequena bem picada e refogue até ficar macia. Acrescente 75 ml de vinho branco seco e deixe no fogo por 5-10 minutos até reduzir bem. Junte 150 g de creme de leite fresco e leite suficiente para fazer um molho suave. Enquanto isso, cozinhe e escorra o maccheroni como indicado acima. Leve a uma travessa refratária e incorpore o molho. Espalhe 50 g de gruyère ralado e gratine em forno preaquecido em temperatura média por 7 minutos ou até dourar e borbulhar.

10 Tagliatelle com pesto e tomates assados

4 porções

250 g de tomates-cereja
1 colher (sopa) de azeite
400 g de tagliatelle (ou fettucine)
5 colheres (sopa) de pesto pronto
3 colheres (sopa) de mascarpone
2 colheres (sopa) de pinholes tostados
sal e pimenta-do-reino moída na hora

- Coloque os tomates-cereja em uma assadeira, misture o azeite e tempere. Leve ao forno médio por 5 minutos, ou até começarem a tostar.
- Enquanto isso, cozinhe o tagliatelle em uma panela grande com água fervente e sal, conforme as instruções da embalagem, até ficar *al dente*. Escorra, reservando um pouco da água do cozimento, e retorne-o à panela. Incorpore o pesto, o mascarpone e adicione um pouco da água reservada para soltar o macarrão, se necessário.
- Adicione os tomates com cuidado e tempere. Espalhe os pinholes tostados e sirva.

20 Tagliatelle ao tomate com frango assado em pesto

Tagliatelle ao tomate com frango assado em pesto Junte 4 colheres (sopa) de pesto pronto e 2 colheres (sopa) de mascarpone em uma tigela e coloque a mistura sob a pele de 4 peitos de frango desossados. Coloque-os em uma assadeira e regue com azeite. Leve ao forno preaquecido a 220 °C por 15 minutos. Adicione um punhado de tomates-cereja à assadeira e retorne-a ao forno por mais 5 minutos, ou até cozinhar o frango totalmente e os tomates ficarem macios. Enquanto isso, cozinhe e escorra 300 g de tagliatelle como acima. Misture os tomates e 3 colheres (sopa) de mascarpone. Sirva com o frango.

30 Tagliatelle à mexicana

Aqueça um pouco de azeite na frigideira, adicione 1 cebola fatiada e refogue em fogo baixo por 10 minutos até ficar macia. Escorra 400 g de feijão-branco cozido e junte à cebola. Acrescente 100 ml de caldo quente de frango e deixe cozinhar em fogo brando por 15 minutos, até todo o líquido ter sido absorvido. Enquanto isso, bata no processador 25 g de sementes de abóbora, 1 pimenta jalapeño, 2 tomates secos escorridos, um punhado de folhas de coentro e um pouco de suco de limão até formar um pesto. Cozinhe e escorra o tagliatelle como acima. Incorpore o feijão e 3 colheres (sopa) de creme de leite fresco com gotas de limão (sour cream). Sirva com o pesto por cima.

30 Spirali com brócolis e presunto ao forno

4 porções

400 g de spirali
125 g de brócolis
450 ml de caldo quente de frango ou legumes
1 colher (chá) de mostarda
200 g de creme de leite fresco
150 g de presunto em pedaços médios
125 g de cheddar ralado
sal e pimenta-do-reino moída na hora

- Cozinhe o spirali em uma panela grande com água fervente e sal até ficar *al dente*. Acrescente os brócolis 5 minutos antes de finalizar o cozimento e deixe até ficarem macios. Escorra e retorne à panela.
- Enquanto isso, misture o caldo, a mostarda e o creme de leite fresco e incorpore à massa com os brócolis, o presunto e metade do cheddar. Tempere. Coloque em uma travessa refratária e salpique o restante do queijo.
- Leve ao forno preaquecido a 200 °C por 15 minutos, ou até ficar gratinado, borbulhante e cozido.

---

10 Cavatappi rápido com brócolis e presunto Cozinhe 500 g de cavatappi fresco até ficar *al dente*. Adicione os brócolis como indicado acima. Enquanto isso, aqueça um pouco de azeite em uma frigideira, adicione 1 dente de alho e refogue por 30 segundos. Acrescente 150 ml de molho de tomate e deixe apurar em fogo brando por 5 minutos. Escorra o spirali com brócolis e retorne à panela. Incorpore o molho de tomate e o presunto como indicado acima e sirva com parmesão fresco ralado.

---

20 Spirali gratinado com presunto, brócolis e espinafre Cozinhe o spirali e os brócolis como indicado acima e adicione 250 g de espinafre na panela minutos antes de escorrer. Escorra o macarrão com os vegetais e retorne à panela. Misture com 200 ml de caldo quente de frango ou legumes, o creme de leite fresco e o presunto. Coloque em uma travessa refratária e cubra com 125 g de muçarela fatiada. Leve ao forno preaquecido em temperatura média por 5-10 minutos, ou até ficar gratinado e borbulhante.

20 Conchiglie de salmão e alho-poró

4 porções

2 filés de salmão de 150 g
2 colheres (sopa) de manteiga
2 alhos-porós sem as pontas em fatias finas
suco e raspas de 1 limão-siciliano
400 g de conchiglie
50 ml de creme de leite fresco com gotas de limão (sour cream)
sal e pimenta-do-reino moída na hora

- Coloque os filés de salmão na frigideira e cubra-os com água. Deixe levantar fervura e cozinhe em fogo brando por 10 minutos, ou até soltarem lascas com facilidade. Remova a pele, as espinhas e desfie o peixe com um garfo.
- Enquanto isso, aqueça a manteiga em uma panela pequena, adicione o alho-poró e refogue em fogo baixo por 10 minutos, ou até ficar macio e cozido. Junte o suco de limão e a maior parte das raspas.
- Cozinhe o conchiglie em uma panela grande com água fervente e sal até ficar *al dente*. Escorra, reservando um pouco da água do cozimento, e retorne-o à panela. Incorpore o salmão, o alho-poró e tempere. Em seguida, acrescente o sour cream, adicionando um pouco da água reservada para fazer um molho, se necessário. Sirva imediatamente com bastante pimenta-do-reino e o restante das raspas de limão.

10 Conchiglie simples com salmão e alho-poró Cozinhe 500 g de conchiglie até ficar *al dente*. Três minutos antes de finalizar o cozimento, adicione o alho-poró refogado como indicado acima. Escorra e retorne-os à panela. Acrescente 150 g de salmão defumado em fatias. Incorpore o sour cream como acima. Sirva imediatamente.

30 Macarrão com salmão, hadoque defumado e alho-poró ao forno Cozinhe 1 filé de hadoque e 1 filé de salmão em 200 ml de leite por 10 minutos, ou até soltarem lascas com facilidade. Remova a pele e as espinhas e corte em pequenos pedaços. Enquanto isso, cozinhe o alho-poró e o conchiglie como indicado acima, adicionando 200 g de espinafre minutos antes de finalizar o cozimento. Incorpore o peixe e o líquido do cozimento, o alho-poró e 50 ml de creme de leite fresco. Em seguida, coloque tudo em uma travessa refratária. Salpique 25 g de farinha de rosca e espalhe um pouco de manteiga. Leve ao forno preaquecido a 200 °C por 15 minutos, ou até ficar dourado e cozido.

30 Fusilli com atum e milho ao forno

4 porções

40 g de manteiga
40 g de farinha de trigo
575 ml de leite
400 g de fusilli
370 g de atum em lata escorrido
200 g de milho-verde em conserva escorrido
75 g de cheddar ralado
25 g de farinha de rosca
sal e pimenta-do-reino moída na hora

- Para fazer o molho branco, derreta a manteiga em uma panela média e incorpore a farinha até formar uma pasta suave. Cozinhe até dourar e adicione o leite aos poucos, mexendo sempre. Deixe levantar fervura sem parar de mexer, reduza o fogo e cozinhe por 10 minutos até engrossar, mexendo de vez em quando. Tempere.
- Enquanto isso, cozinhe o fusilli em uma panela grande com água fervente e sal até ficar *al dente*. Escorra e retorne à panela. Incorpore o molho branco, o atum, o milho e o cheddar, reservando um pouco para gratinar.
- Coloque em uma travessa refratária média e cubra com a farinha de rosca e o restante do queijo. Leve ao forno preaquecido a 200 °C por 15 minutos até dourar ligeiramente e borbulhar.

10 Salada de fusilli com atum e milho

Cozinhe 300 g de fusilli como indicado acima. Esfrie em água corrente e escorra. Coloque em uma travessa e incorpore 6 colheres (sopa) de maionese, 185 g de atum em lata escorrido e 125 g de milho em conserva escorrido.

20 Fusilli cremoso com milho e bacon

Aqueça um pouco de azeite na frigideira, adicione 1 cebola bem picada e refogue até ficar macia. Corte quatro fatias de bacon em pedaços pequenos, junte à panela e frite por 5-7 minutos, até ficarem douradas e cozidas. Adicione 100 ml de caldo quente de legumes e cozinhe por mais 5 minutos, até começar a reduzir. Adicione 200 g de milho em conserva escorrido e 50 ml de creme de leite fresco e cozinhe por 5 minutos. Enquanto isso, cozinhe e escorra o fusilli como acima. Incorpore-o ao molho com 25 g de cheddar ralado. Sirva imediatamente.

20 Linguine fiorentina com presunto

4 porções
1 colher (sopa) de azeite
1 cebola bem picada
2 dentes de alho bem picados
200 g de folhas de espinafre picadas
75 g de creme de leite light
um punhado de parmesão fresco ralado, mais um pouco para servir
400 g de linguine
100 g de presunto defumado fatiado
sal e pimenta-do-reino moída na hora

- Aqueça o azeite em uma frigideira, adicione a cebola e o alho e refogue por 5 minutos até ficarem macios.
- Escalde o espinafre com água fervente suficiente para murchar. Escorra. Bata em um processador a cebola, o alho, o creme de leite, o parmesão e o espinafre até formar uma pasta grossa. Reserve.
- Cozinhe o linguine em uma panela grande com água fervente e sal até ficar *al dente*. Escorra, reservando um pouco da água do cozimento, e retorne-o à panela. Incorpore o creme de espinafre, adicionando a água reservada para soltar o macarrão.
- Adicione o presunto e tempere. Espalhe parmesão para servir.

---

10 Linguine com cogumelos, espinafre e presunto Aqueça um pouco de azeite em uma frigideira, adicione 1 dente de alho fatiado, 150 g de cogumelos variados limpos e cortados ao meio (se forem grandes) e refogue por 3 minutos até ficarem macios. Cozinhe o linguine como indicado acima, juntando 200 g de espinafre pouco antes de escorrer. Escorra e retorne-os à panela. Incorpore os cogumelos, 100 g de presunto fatiado e 3 colheres (sopa) de creme de leite fresco. Sirva como indicado acima.

---

30 Linguine fiorentina ao forno com presunto e ovos Faça a receita como indicado acima e distribua a mistura em quatro ramequins. Quebre um ovo sobre cada porção e espalhe um pouco de manteiga. Leve ao forno preaquecido a 180 °C por 10 minutos, ou até os ovos cozinharem bem. Sirva imediatamente.

30 Canelone de espinafre e ricota

4 porções

250 g de espinafre
um punhado de folhas de manjericão
500 g de ricota
50 g de parmesão fresco ralado
uma pitada de noz-moscada ralada
500 ml de molho de tomate pronto
8 folhas frescas de lasanha
125 g de muçarela em fatias finas
sal e pimenta-do-reino
salada verde, para servir (opcional)

- Escalde o espinafre com água fervente suficiente para murchá-lo. Escorra. Pique grosseiramente o espinafre e o manjericão, coloque-os em uma tigela e misture com a ricota, metade do parmesão e a noz-moscada. Tempere e experimente.
- Aqueça o molho de tomate em uma panela pequena, em fogo baixo, até começar a ferver.
- Prepare as folhas de lasanha conforme as instruções da embalagem. Espalhe cerca de um terço do molho de tomate no fundo de uma travessa refratária média. Acrescente 2 ou 3 colheres (sopa) da mistura de espinafre em cada folha de lasanha. Enrole, formando os canelones, e coloque-os na travessa. Espalhe o restante do molho por cima e cubra com a muçarela.
- Salpique o restante do parmesão e leve ao forno preaquecido a 200 °C por 15-20 minutos, até gratinar. Sirva com salada verde, se preferir.

10 Espaguete com espinafre e ricota

Cozinhe 400 g de espaguete até ficar *al dente*. Escorra e retorne-o à panela. Misture 200 g de espinafre picado, 4 colheres (sopa) de pesto pronto e um punhado de tomates-cereja cortados ao meio. Finalize com colheradas de ricota e sirva com parmesão ralado, se quiser.

20 Lasanha rápida de espinafre e ricota

Cozinhe 8 folhas frescas de lasanha em uma panela grande com água fervente e sal por 3-5 minutos, ou até ficarem macias. Escorra bem. Escalde 100 g de folhas de espinafre como indicado acima, escorra e pique bem. Misture com metade do molho de tomate e 3 colheres (sopa) de pesto pronto. Coloque uma camada da mistura de espinafre em uma travessa refratária e cubra com uma folha de lasanha. Coloque 250 g de ricota por cima e repita as camadas na mesma ordem de ingredientes. Finalize com molho de tomate e 25 g de parmesão fresco ralado. Leve ao forno preaquecido em temperatura média por 10 minutos, ou até dourar e cozinhar.

30 Penne com linguiça e espinafre ao forno

4 porções

6 linguiças grandes
1 colher (sopa) de azeite
500 ml de molho pronto de tomate
300 g de penne
200 g de espinafre
250 g de ricota
200 g de mascarpone
5 colheres (sopa) de leite
125 g de muçarela picada
sal e pimenta-do-reino moída na hora

- Tire a pele das linguiças e coloque a carne em uma tigela. Umedeça ligeiramente as mãos e faça almôndegas bem pequenas. Aqueça o azeite em uma frigideira e frite as bolinhas por 5 minutos, mexendo até ficarem douradas por inteiro. Acrescente o molho de tomate e cozinhe em fogo baixo por 5 minutos.
- Enquanto isso, cozinhe o penne em uma panela grande com água fervente e sal até ficar *al dente*. Retire do fogo, acrescente o espinafre, escorra, reservando um pouco da água do cozimento, e retorne-os à panela.
- Em uma tigela, misture a ricota, o mascarpone e o leite. Incorpore ao penne com espinafre e tempere.
- Coloque o molho de tomate com as almôndegas de linguiça em uma travessa refratária média. Espalhe o penne com espinafre e cubra com a muçarela. Leve ao forno preaquecido a 190 °C por 15 minutos, ou até dourar, borbulhar e ficar cozido.

---

10 **Penne com bacon e espinafre** Toste quatro fatias de bacon em uma grelha preaquecida à temperatura média por 7 minutos, ou até ficarem crocantes. Deixe esfriar por 1 minuto e corte em pedaços pequenos. Enquanto isso, cozinhe e escorra o penne e o espinafre como indicado acima. Incorpore o bacon e 2 tomates picados à massa. Em uma tigela, misture 250 g de ricota com 50 g de feta e espalhe sobre o penne. Sirva imediatamente.

20 **Penne com linguiça e espinafre** Aqueça 2 colheres (sopa) de azeite em uma frigideira, adicione 1 dente de alho fatiado e refogue por 30 segundos. Acrescente 400 g de tomates pelados em lata picados, uma pitada de pimenta--calabresa em flocos e uma pitada de orégano desidratado. Cozinhe em fogo baixo por 15 minutos, até engrossar. Enquanto isso, toste 6 linguiças de porco grandes em uma grelha preaquecida à temperatura média por 15 minutos, ou até ficarem cozidas. Deixe esfriar ligeiramente, corte em pedaços médios e coloque no molho para aquecer. Enquanto isso, cozinhe e escorra o penne com espinafre como indicado acima. Incorpore o molho de linguiça à massa e finalize, espalhando 125 g de ricota. Sirva imediatamente.

Jantares saudáveis

Listas de receitas por tempo de preparo

30

20

10

20 Brodo fresco com cebola caramelizada

4 porções

2 colheres (sopa) de azeite
2 cebolas: 1 em fatias finas, outra bem picada
2 dentes de alho bem picados
2 colheres (sopa) de hortelã picada
½ colher (chá) de cúrcuma
200 g de grão-de-bico cozido e escorrido
200 g de feijão-vermelho cozido e escorrido
2,5 litros de caldo quente de frango
125 g de macarrão instantâneo fino picado em pedaços pequenos
100 g de ervilhas congeladas
100 g de verduras variadas picadas
folhas de coentro picadas
salsa e iogurte para servir

- Para fazer a cebola caramelizada, aqueça metade do azeite em uma frigideira pequena, adicione a cebola em fatias finas e refogue lentamente por 10 minutos, até ficar macia e ligeiramente dourada. Acrescente o alho e a hortelã e deixe por mais 1 minuto.
- Enquanto isso, aqueça o azeite restante em uma panela grande, adicione a cebola picada e frite por alguns minutos até ficar macia. Adicione a cúrcuma e, em seguida, o grão-de-bico e o feijão-vermelho. Junte o caldo de frango. Deixe levantar fervura e cozinhe por alguns minutos. Acrescente o macarrão e mantenha por mais 5 minutos.
- Adicione as ervilhas e as verduras à sopa, tempere e cozinhe por 2-3 minutos, ou até as verduras ficarem macias, e o macarrão, cozido.
- Sirva em tigelas individuais ou pratos de sopa, salpique a cebola caramelizada e as ervas picadas e adicione o iogurte. Sirva com pão pita.

10 Brodo rápido com cebola caramelizada

Frite 1 colher (chá) de pasta de curry em uma panela grande por alguns segundos e, então, adicione 4 colheres (sopa) cebola frita. Junte o caldo como acima e deixe levantar fervura. Acrescente 400 g de grão--de-bico cozido e o macarrão instantâneo, preparados como acima, e deixe em fogo brando até cozinhar o macarrão. Adicione as verduras e as ervilhas 2-3 minutos antes de finalizar o cozimento. Espalhe a cebola caramelizada e sirva.

30 Pilaf picante de macarrão com cebola crocante

com cebola crocante Aqueça 1 colher (sopa) de azeite em uma panela grande, adicione 1 cebola picada e frite lentamente até ficar macia. Acrescente 1 colher (chá) de cominho em pó e uma pitada de cúrcuma. Adicione 100 g de arroz longo e 100 g de cabelo de anjo. Cubra com as especiarias e, então, acrescente 500 ml de caldo quente de frango e 200 g de grão-de-bico cozido. Deixe levantar fervura, tampe e mantenha em fogo brando por 15-20 minutos, ou até cozinhar o arroz. Enquanto isso, aqueça uma panela com bastante óleo vegetal. Quando estiver bem quente, frite 1 cebola fatiada até ficar crocante e dourada. Remova com uma escumadeira e sirva salpicada sobre o pilaf com folhas de hortelã picadas.

30 Sopa de farfalline com almôndegas de peru

4 porções

500 g de peru desfiado
50 g de farinha de rosca
25 g de parmesão fresco ralado, mais um pouco para servir (opcional)
2 colheres (sopa) de salsa bem picada, mais um pouco para finalizar
1 ovo ligeiramente batido
1 dente de alho amassado
2,5 litros de caldo quente de frango
2 cenouras grandes descascadas e em fatias finas
175 g de farfalline
sal e pimenta-do-reino moída na hora

- Em uma tigela grande, misture o peru, a farinha de rosca, o parmesão, a salsa, o ovo e o alho e tempere. Umedeça ligeiramente as mãos e faça almôndegas de cerca de 2 cm de diâmetro com a mistura.
- Ferva o caldo em uma panela grande, adicione a cenoura e deixe cozinhar em fogo brando por 5 minutos.
- Coloque as almôndegas de peru no caldo e cozinhe por 5 minutos. Adicione o farfalline e mantenha por mais 5-7 minutos, ou até as almôndegas atingirem o ponto. Tempere.
- Sirva em tigelas individuais ou pratos fundos com um pouco de parmesão e salsa picada, se preferir.

---

10 **Sopa simples de peru** Ferva 1 litro de caldo de frango, adicione 2 cenouras descascadas e raladas e cozinhe por 3 minutos. Acrescente o farfalline como acima e cozinhe por 5-7 minutos, ou até a massa atingir o ponto, e adicione 200 g de peru cozido desfiado 1 minuto antes de finalizar o cozimento, para aquecer. Salpique endro para servir.

20 **Orzo com filés de peru à milanesa** Empane quatro filés de peru com um pouco de farinha, mas sem deixar excesso. Mergulhe-os em 1 ovo ligeiramente batido. Em um prato, coloque 100 g de farinha de rosca e 25 g de parmesão fresco ralado e envolva os filés nessa mistura. Pincele com um pouco de azeite e frite em frigideira preaquecida em temperatura média por 5-7 minutos de cada lado, ou até ficarem dourados e no ponto. Enquanto isso, corte quatro fatias de pancetta em tiras pequenas e frite em outra frigideira com um pouco de azeite por 5 minutos, ou até dourar. Retire da frigideira. Coloque 1 echalota bem picada e 1 dente de alho amassado na mesma frigideira e refogue até ficarem macios. Cozinhe 150 g de cenoura em fatias finas por 10 minutos, até ficarem macias. Acrescente 400 g de orzo (ou risoni) à panela e cozinhe, conforme as instruções da embalagem. Escorra e incorpore a pancetta e a cebola. Sirva com as milanesas.

10 Espaguete com rúcula, pimenta e ricota

4 porções

400 g de espaguete
1 colher (sopa) de azeite
1 dente de alho bem picado
1 pimenta vermelha sem sementes (se preferir) e em fatias finas
200 g de folhas de rúcula
150 g de ricota
sal e pimenta-do-reino moída na hora

- Cozinhe o espaguete em uma panela grande com água fervente e sal, conforme as instruções da embalagem, até ficar *al dente*.
- Enquanto isso, aqueça o azeite em uma frigideira pequena, adicione o alho e a pimenta e refogue por 30 segundos até começarem a dourar. Retire do fogo.
- Escorra o macarrão, reservando um pouco da água do cozimento, e retorne-o à panela. Incorpore o azeite aromatizado com pimenta, adicionando a água reservada para soltar o espaguete, se necessário. Tempere.
- Misture a rúcula, distribua nos pratos e finalize com a ricota. Sirva imediatamente.

---

20 Espaguete com molho cremoso de ricota e salada Derreta 25 g de manteiga em uma panela e adicione 25 g de farinha de trigo para fazer uma pasta macia. Deixe até dourar, adicione lentamente 300 ml de leite, mexendo sempre, e cozinhe em fogo brando por 5-10 minutos, até engrossar. Acrescente 150 g de ricota e um punhado de parmesão fresco ralado. Enquanto isso, cozinhe e escorra o espaguete como acima. Incorpore o molho de ricota e 200 g de folhas de espinafre, rúcula e agrião. Sirva imediatamente, salpicado com pimenta-calabresa em flocos.

---

30 Bolinhos de aletria e ricota com salada de rúcula picante Cozinhe 350 g de aletria (ou macarrão cabelo de anjo), conforme as instruções da embalagem. Esfrie em água corrente e escorra. Corte em tiras pequenas e, em uma tigela, misture com 6 ovos batidos e 150 g de ricota. Unte as 12 cavidades de uma fôrma de cupcakes e distribua a massa entre elas. Leve ao forno preaquecido a 200 °C por 15-20 minutos, ou até assarem por completo. Em uma tigela, misture a rúcula, a pimenta, 1 colher (chá) de vinagre de vinho branco e 2 colheres (sopa) de azeite extravirgem e sirva com os bolinhos.

10 Fettuccine com queijo de cabra e vinagrete de tomate

4 porções
400 g de fettuccine
125 g de queijo de cabra macio
50 g de cream cheese light
sal e pimenta-do-reino moída na hora

Para o vinagrete de tomate
200 g de tomates mascote
5 tomates secos em conserva escorridos e bem picados
1 colher (sopa) de vinagre balsâmico
1 colher (sopa) de azeite extravirgem
um punhado de folhas de manjericão picadas

- Para fazer o vinagrete, junte em uma tigela os tomates cortados ao meio, os tomates secos, o vinagre, o azeite e o manjericão. Tempere bem e reserve.
- Enquanto isso, cozinhe o fettuccine em uma panela grande com água fervente e sal, conforme as instruções da embalagem, até ficar *al dente*.
- Escorra a massa, reservando um pouco da água do cozimento, e retorne à panela. Incorpore os queijos, adicionando um pouco da água reservada para soltar a massa. Tempere bem.
- Sirva com o vinagrete de tomate e folhas de manjericão.

---

20 Fettuccine com queijo de cabra e tomates assados Ponha 200 g de tomates-cereja em uma assadeira, regue com um pouco de azeite e leve ao forno preaquecido a 180 °C por 15 minutos, ou até atingirem o ponto. Adicione um punhado de orégano, uma pitada de açúcar e 1 colher (sopa) de vinagre balsâmico 2 minutos antes de tirar do forno. Enquanto isso, cozinhe e escorra o fettuccine como acima, reservando um pouco da água do cozimento. Misture 125 g de queijo de cabra macio, 5 colheres (sopa) de mascarpone e um punhado de parmesão ralado ao macarrão, adicionando um pouco da água reservada para soltar. Sirva com os tomates assados e pinholes tostados.

---

30 Penne ao forno com queijo de cabra e vinagrete de tomate Cozinhe 400 g de penne, conforme as instruções da embalagem, até ficar *al dente*. Enquanto isso, em uma tigela, misture o queijo de cabra e o cream cheese light com 50 g de creme de leite light. Afine a mistura com um pouco de leite para fazer um molho e incorpore ao macarrão escorrido. Coloque em uma travessa refratária, salpique parmesão ralado e asse em forno preaquecido a 190 °C por 15-20 minutos, ou até borbulhar. Enquanto isso, faça o vinagrete de tomate como acima. Finalize com ele e sirva imediatamente.

20 Lasanha aberta de abóbora e ricota

4 porções

1 cebola roxa fatiada
½ abóbora descascada, sem sementes e fatiada
1 colher (sopa) de azeite
6 folhas de lasanha seca
250 g de ricota
75 g de mascarpone
suco e raspas de ½ limão-siciliano, mais um pouco para finalizar
50 g de folhas de rúcula
sal

- Coloque a cebola e a abóbora em uma assadeira e regue com azeite. Asse em forno preaquecido a 220 °C por 15 minutos, ou até ficar macia e dourada.
- Enquanto isso, cozinhe as folhas de lasanha em uma panela grande com água fervente e sal por 7-10 minutos, até ficarem macias. Em seguida, corte-as ao meio. Enquanto cozinha a massa, em uma tigela pequena misture a ricota, o mascarpone, o suco e as raspas do limão.
- Coloque uma metade de massa em cada prato, com um pouco de abóbora e cebola assadas e um pouco do creme de ricota. Repita as camadas até que toda a massa tenha sido usada. Salpique algumas folhas de rúcula e raspas de limão e sirva imediatamente.

10 Penne rápido com abóbora e ricota

Cozinhe a abóbora descascada e cortada em cubos e 400 g de penne em uma panela com água fervente por 10 minutos. Escorra, reservando um pouco da água do cozimento, e retorne-os à panela. Incorpore 1 colher (sopa) de mascarpone, adicionando a água reservada para soltar a massa. Em seguida, coloque 250 g de ricota. Sirva imediatamente.

30 Canelone de abóbora com ricota

Cozinhe a abóbora descascada, sem sementes e fatiada em uma panela com água fervente e sal por 10 minutos, até ficar macia, e escorra bem. Coloque no processador e bata até formar um purê. Misture com a ricota e o mascarpone. Coloque esse creme sobre oito folhas de lasanha frescas e enrole-as, formando os canelones. Arrume-os em uma travessa refratária e cubra com 350 ml de molho pronto de tomate e 125 g de muçarela ralada. Leve ao forno preaquecido a 200 °C por 15 minutos, ou até ficar dourado e no ponto.

10 Macarrão niçoise

4 porções
400 g de ditalini
150 g de vagem sem as pontas
200 g de atum escorrido (aproximadamente uma lata)
100 g de tomates-cereja cortados em quartos
50 g de azeitonas pretas picadas (de preferência niçoise)
75 g de folhas de rúcula
sal

Para o molho
3 filés de anchova em conserva escorridos e picados
1 dente de alho amassado
2 colheres (chá) vinagre de vinho branco
2 colheres (sopa) de azeite extravirgem

- Cozinhe o ditalini em uma panela grande com água fervente e sal, conforme as instruções da embalagem, até ficar *al dente*. Adicione a vagem 5 minutos antes de finalizar o cozimento.
- Enquanto isso, faça o molho. Em uma tigela, amasse as anchovas e o alho e, então, acrescente o vinagre e o azeite.
- Escorra o ditalini e a vagem, reservando um pouco da água do cozimento, e retorne-os à panela. Incorpore o molho, adicionando um pouco da água reservada para soltar a massa, se necessário. Misture os ingredientes restantes e sirva imediatamente.

---

20 Macarrão niçoise com atum fresco grelhado Faça a receita como acima, sem o atum em lata. Enquanto isso, tempere 4 filés de atum com 1 colher (sopa) de azeite, uma pitada de pimenta-calabresa em flocos e sal. Aqueça bem uma chapa, coloque os filés e grelhe por 3-5 minutos de cada lado, até ficarem dourados por fora, mas ainda crus por dentro. Fatie o atum grelhado e acrescente ao macarrão.

30 Macarrão niçoise com molho de pimentão vermelho e tomate Coloque 200 g de tomate e 1 pimentão vermelho sem sementes e cortados ao meio em uma assadeira e regue com azeite. Leve ao forno preaquecido a 200 °C por 20-25 minutos, até ficarem macios e levemente tostados. Bata-os no processador até formar um molho denso. Enquanto isso, prepare a receita como acima. Regue o macarrão com o molho para servir.

10 Espaguete com couve e gruyère

4 porções
400 g de espaguete integral
200 g de couve picada
2 colheres (sopa) de azeite
2 dentes de alho fatiados
1 colher (sopa) de vinagre de vinho branco
sal e pimenta-do-reino moída na hora
25 g de gruyère em lascas, para servir

- Cozinhe o espaguete em uma panela grande com água fervente e sal, conforme as instruções da embalagem, até ficar *al dente*. Adicione a couve 5 minutos antes de finalizar o cozimento.
- Enquanto isso, aqueça o azeite em uma frigideira, adicione o alho e refogue por 30 segundos, até começar a dourar. Acrescente o vinagre e mantenha por mais alguns segundos. Retire do fogo.
- Escorra o macarrão e a couve e retorne-os à panela. Incorpore o azeite aromatizado com alho e tempere.
- Sirva com lascas de gruyère.

---

20 Espaguete com couve refogada e gruyère Aqueça um pouco de azeite em uma panela grande, adicione 1 cebola fatiada e refogue até ficar macia. Acrescente 1 dente de alho picado e 200 g de couve picada e refogue por mais 3 minutos, então abaixe o fogo e adicione 2 colheres (sopa) de água. Tampe e cozinhe por 15 minutos, adicionando mais água se necessário, até a couve ficar macia. Enquanto isso, cozinhe e escorra o espaguete integral como acima. Incorpore a couve e 2 tomates picados e sirva com lascas de gruyère.

---

30 Espaguete com couve, abóbora e gruyère Em uma assadeira, regue meia abóbora descascada, sem sementes e cortada em cubos com 2 colheres (sopa) de azeite. Leve ao forno preaquecido a 200 °C por 20 minutos, ou até dourar. Enquanto isso, cozinhe e escorra o espaguete integral com a couve, como acima. Coloque 350 ml de molho pronto de tomate em uma panela, aqueça e incorpore ao macarrão com a couve e a abóbora assada. Sirva com lascas de gruyère.

30 Tagliatelle à bolonhesa de cogumelos

4 porções

300 g de cogumelos mistos limpos
2 colheres (sopa) de azeite, mais um pouco para servir (opcional)
1 cebola bem picada
1 dente de alho amassado
um punhado de folhas de tomilho
100 ml de vinho branco seco
1 colher (chá) de purê de tomate
300 ml de molho pronto de tomate
400 g de tagliatelle
sal e pimenta-do-reino moída na hora
parmesão fresco ralado na hora, para servir

- Com uma faca bem afiada, pique os cogumelos em pedaços bem pequenos. Uma alternativa é usar o processador, tomando cuidado para não bater demais e formar uma pasta.
- Aqueça o azeite em uma frigideira grande, adicione a cebola, os cogumelos, o alho e o tomilho e refogue em fogo médio por 5 minutos, mexendo com frequência, até ficarem macios. Adicione o vinho e cozinhe por 5 minutos, ou até o líquido ter sido absorvido. Acrescente o purê e o molho de tomate e apure em fogo brando por mais 10 minutos. Tempere.
- Enquanto isso, cozinhe o tagliatelle em uma panela grande com água fervente e sal, conforme as instruções da embalagem, até ficar *al dente*. Escorra e retorne-o à panela, então coloque um pouco de azeite, se preferir, e incorpore o molho.
- Sirva as porções nos pratos, finalizando com o parmesão.

10 Tagliatelle fácil com cogumelos

Aqueça um pouco de azeite em uma frigideira, adicione 2 dentes de alho picados e refogue por 1 minuto, até ficarem macios. Acrescente 250 g de cogumelos limpos e fatiados e uma pitada de pimenta-calabresa em flocos e refogue por mais alguns minutos, até ficarem macios. Enquanto isso, cozinhe e escorra o tagliatelle como acima. Incorpore os cogumelos, 3 tomates picados e um punhado de manjericão picado e sirva imediatamente.

20 Tagliatelle com cogumelos selvagens ao molho de funghi

Coloque 25 g de funghi porcini desidratados em 50 ml de água fervente por 15 minutos, até ficarem macios. Enquanto isso, aqueça um pouco de azeite em uma frigideira, adicione 1 cebola e 1 dente de alho, ambos picados, e frite em fogo baixo até ficarem macios. Acrescente 1 colher (chá) de purê de tomate e 100 ml de vinho branco seco e deixe ferver por alguns minutos, até reduzir à metade. Adicione os funghi porcini com o líquido em que foram hidratados e 50 g de creme de leite fresco. Em outra panela, refogue 150 g de cogumelos selvagens variados, limpos e cortados (se forem grandes), em um pouco de azeite até ficarem macios. Enquanto os cogumelos refogam, cozinhe e escorra o tagliatelle como acima. Incorpore os cogumelos selvagens e o molho de funghi e sirva como acima.

10 Conchiglie com espinafre e queijo de cabra

4 porções

1 colher (sopa) de azeite
1 dente de alho bem picado
250 g de espinafre picado
um punhado de folhas de hortelã picadas
500 g de conchiglie fresco
100 g de queijo de cabra macio
25 g de nozes picadas grosseiramente
sal e pimenta-do-reino moída na hora

- Aqueça o azeite em uma panela grande, adicione o alho e frite por 30 segundos, até começar a dourar. Acrescente o espinafre e tampe. Deixe refogar por alguns minutos, até o espinafre murchar, e, então, adicione a hortelã.
- Enquanto isso, cozinhe o conchiglie em uma panela grande com água fervente e sal, conforme as instruções da embalagem, até ficar *al dente*. Escorra, reservando um pouco da água do cozimento, e retorne-o à panela. Incorpore a mistura de espinafre, adicionando um pouco da água reservada para soltar a massa, se necessário, e tempere bem.
- Distribua nos pratos e finalize com queijo de cabra amassado e nozes picadas. Sirva imediatamente.

---

20 Conchiglie com espinafre, abobrinha e queijo de cabra Cozinhe 400 g de conchiglie seco até ficar *al dente*. Refogue o alho, o espinafre e a hortelã, como acima. Corte 100 g de abobrinha pela metade. Aqueça 1 colher (sopa) de azeite, adicione as abobrinhas e refogue por alguns minutos. Vire-as, adicione azeitonas pretas picadas e refogue por mais 2 minutos, até ficarem douradas por inteiro. Escorra a massa, reserve um pouco da água e retorne-a à panela. Incorpore o refogado de abobrinha e espinafre ao conchiglie, adicionando um pouco da água reservada para soltar, se necessário. Sirva com o queijo de cabra, como acima.

30 Conchiglie ao forno com espinafre, presunto e queijo de cabra Cozinhe 400 g de conchiglie seco, conforme as instruções da embalagem, até ficar *al dente*, adicionando 250 g de espinafre um pouco antes de escorrer. Enquanto isso, derreta 25 g de manteiga em uma panela e misture 25 g de farinha de trigo para fazer uma pasta macia. Deixe no fogo até dourar; então, gradualmente, adicione 300 ml de leite, mexendo sempre. Deixe levantar fervura, em fogo brando, sem parar de mexer até ficar ligeiramente encorpado. Em seguida, acrescente 50 g de queijo de cabra macio. Escorra o conchiglie com espinafre e incorpore o molho, com quatro fatias de presunto cortadas em pedaços médios. Coloque em uma travessa refratária, salpique mais 50 g de queijo de cabra e um punhado de farinha de rosca. Leve ao forno preaquecido a 200 °C por 15 minutos, ou até borbulhar.

20 Fusilli com lentilhas, couve e cebola caramelizada

4 porções

2 colheres (sopa) de azeite
2 cebolas cortadas em rodelas
1 pitada de pimenta-calabresa em flocos
2 dentes de alho em fatias finas
50 g de lentilhas
400 g de fusilli tricolore
125 g de couve picada
sal e pimenta-do-reino moída na hora

- Aqueça o azeite em uma frigideira antiaderente, adicione as cebolas e a pimenta-calabresa em flocos, tempere bem e frite em fogo baixo por 15 minutos, ou até ficarem macias e ligeiramente douradas. Acrescente o alho e deixe por mais alguns minutos.
- Enquanto isso, cozinhe as lentilhas em uma panela com água quente, conforme as instruções da embalagem. Escorra.
- Enquanto prepara as cebolas e as lentilhas, cozinhe o fusilli em uma panela grande com água fervente e sal, conforme as instruções da embalagem, até ficar *al dente*. Adicione a couve 3 minutos antes de finalizar o cozimento. Escorra, reservando um pouco da água, e retorne-os à panela. Incorpore as lentilhas, adicionando um pouco da água reservada para soltar o macarrão, se necessário.
- Sirva nos pratos com a cebola caramelizada por cima.

10 Fusilli fácil com lentilhas, cebola crispy e tomate Coloque 250 g de lentilhas pré-cozidas em uma panela e adicione 6 colheres (sopa) de pesto de tomate seco pronto e 2 colheres (sopa) de cebola crispy pronta. Acrescente 1 tomate picado e um pouco de água para fazer o molho e esquente. Enquanto isso, cozinhe e escorra o fusilli como acima. Incorpore o molho e sirva com mais cebola crispy.

30 Fusilli com echalotas assadas e lentilhas Coloque 200 g de echalotas descascadas em uma assadeira, unte com 2 colheres (sopa) de azeite e leve ao forno preaquecido a 190 °C por 20-25 minutos, ou até dourarem. Regue com 1 colher (sopa) de vinagre balsâmico, adicione 1 colher (chá) de açúcar e asse por mais 2 minutos. Enquanto isso, cozinhe e escorra as lentilhas e o fusilli como acima e, então, incorpore as echalotas. Sirva com mais vinagre balsâmico e com 25 g de feta amassado.

20 Rigatoni siciliano com couve-flor e anchovas

2 porções
200 g de rigatoni
½ couve-flor pequena cortada em buquês
1 colher (sopa) de azeite
4 filés de anchova em conserva escorridos e bem picados
2 dentes de alho fatiados
1 pimenta vermelha sem sementes (se preferir) e fatiada
25 g de uvas-passas
25 g de pinholes tostados
suco e raspas de ½ limão-siciliano
sal
salsa picada, para finalizar

- Cozinhe o rigatoni em uma panela grande com água fervente e sal, conforme as instruções da embalagem, até ficar *al dente*.
- Enquanto isso, cozinhe a couve-flor em uma panela com água fervente por 5 minutos e escorra. Aqueça o azeite em uma frigideira pequena, adicione as anchovas, o alho e a pimenta e refogue por alguns minutos, até começar a chiar. Acrescente a couve-flor e refogue por mais alguns minutos, até dourar. Junte as passas, os pinholes e o suco de limão.
- Escorra o rigatoni, reservando um pouco da água do cozimento, e retorne-o à panela. Incorpore a couve-flor refogada, adicionando a água reservada para soltar a massa, se necessário.
- Finalize salpicando as raspas de limão e a salsa nos pratos.

10 Tagliatelle fácil com couve-flor na manteiga de anchovas

Cozinhe 200 g de tagliatelle, conforme as instruções da embalagem, até ficar *al dente*, adicionando a couve-flor 7 minutos antes de finalizar o cozimento. Enquanto isso, em uma tigela, amasse as raspas de meio limão-siciliano e quatro filés de anchova escorridos com 25 g de manteiga. Escorra a massa com a couve-flor e distribua nos pratos. Sirva com a manteiga de anchova.

30 Rigatoni com couve-flor assada no azeite de anchovas

Em uma tigela, amasse 2 dentes de alho, 5 filés de anchova escorridos e 1 colher (sopa) de azeite. Coloque a couve-flor em uma assadeira, unte com esse preparado de azeite e coloque em forno preaquecido a 200 °C por 20-25 minutos, até ficar macia e ligeiramente tostada. Enquanto isso, cozinhe e escorra o rigatoni. Misture a couve-flor com 1 pimentão vermelho em conserva escorrido e picado e incorpore ao rigatoni com um pouco de suco de limão. Sirva imediatamente.

30 Aletria com lentilhas picantes

4 porções

125 g de lentilhas verdes ou marrons
3 colheres (sopa) de azeite
75 g de aletria (ou macarrão cabelo de anjo)
200 g de arroz longo
400 ml de caldo quente de frango
2 cebolas grandes em fatias finas
3 dentes de alho amassados
¼ de colher (chá) de pimenta--calabresa em flocos
1 colher (chá) de cominho em pó
400 ml de molho de tomate pronto
sal e pimenta-do-reino moída na hora
folhas de coentro picadas, para finalizar

- Cozinhe as lentilhas em uma panela com água quente por 25 minutos, ou conforme as instruções da embalagem, e escorra.
- Aqueça 1 colher (sopa) de azeite em uma panela. Quebre a aletria em pedaços de cerca de 2 cm. Adicione à panela e refogue-os por alguns minutos, até começarem a ganhar cor. Acrescente o arroz, mexa e coloque o caldo.
- Ferva e deixe em fogo brando por 10 minutos, ou até o caldo evaporar quase todo. Reduza o fogo ao mínimo e tampe por 5 minutos, até cozinhar o arroz.
- Enquanto isso, refogue o azeite restante e as cebolas por 20 minutos, mexendo até ficarem ligeiramente douradas. Junte o alho, a pimenta-calabresa em flocos e o cominho e mantenha por mais 1 minuto. Reserve um pouco da cebola para finalizar. Adicione o molho de tomate à panela, tempere bem e deixe em fogo brando até a hora de servir.
- Cuidadosamente, incorpore as lentilhas ao arroz com aletria, o molho de tomate picante, as cebolas reservadas e o coentro picado.

---

10 Salada de orzo e lentilha

Cozinhe 300 g de orzo (ou risoni), seguindo as instruções da embalagem. Adicione 125 g de favas congeladas 3-4 minutos antes de finalizar o cozimento. Esfrie em água corrente e escorra. Em uma travessa, misture o orzo cozido com as favas, 200 g de lentilhas em conserva escorridas, 1 echalota bem picada, o suco de limão e um punhado de folhas de manjericão picadas.

20 Espaguete à bolonhesa de lentilhas

Espaguete à bolonhesa de lentilhas Cozinhe 400 g de espaguete integral, conforme as instruções da embalagem, até ficar *al dente*. Enquanto isso, aqueça 1 colher (sopa) de azeite em uma frigideira grande, adicione 2 dentes de alho fatiados e refogue por 1 minuto. Acrescente 400 ml de molho de tomate e cozinhe em fogo brando por 10 minutos. Junte 400 g de lentilhas pré-cozidas e deixe aquecer. Escorra o espaguete e retorne-o à panela. Incorpore o molho de lentilhas e sirva salpicado com parmesão ralado na hora, se preferir.

20 Tagliatelle com abobrinha, ervilhas, tomate e feta

4 porções

2 abobrinhas
1 colher (sopa) de azeite
400 g de tagliatelle
125 g de ervilhas congeladas
50 g de feta
125 g de tomates-cereja cortados ao meio
sal e pimenta-do-reino moída na hora
folhas de manjericão, para finalizar

- Usando um descascador de legumes, corte as abobrinhas em fatias bem finas, unte-as com azeite e tempere bem. Aqueça uma chapa até soltar fumaça, coloque as abobrinhas e grelhe por cerca de 2 minutos. Vire-as e deixe por mais 2 minutos, até ficarem macias e ligeiramente tostadas. Reserve.

- Cozinhe o tagliatelle em uma panela grande com água fervente e sal, conforme as instruções da embalagem, até ficar *al dente*. Adicione as ervilhas 2 minutos antes de finalizar o cozimento. Escorra, reservando um pouco da água, e retorne-os à panela.

- Amasse 2 colheres (sopa) de feta com a água reservada e incorpore ao tagliatelle, adicionando um pouco mais da água para soltar, se necessário. Misture os tomates e as abobrinhas e acrescente o restante do feta amassado e manjericão para servir.

10 Tagliatelle rápido com abobrinha, ervilhas, tomate e feta Cozinhe o tagliatelle e as ervilhas como acima. Enquanto isso, em uma tigela, amasse 50 g de feta, 2 colheres (sopa) de leite, um punhado de hortelã picada e 4 tomates pelados em lata escorridos e bem picados, depois acrescente 2 abobrinhas raladas. Escorra o macarrão com as ervilhas e incorpore a mistura de abobrinha. Sirva imediatamente.

30 Fusilli ao forno com abobrinha, tomate, feta e broto de ervilha Cozinhe 400 g de fusilli, conforme as instruções da embalagem, até ficar *al dente*. Escorra e retorne-o à panela. Misture 400 g de tomates pelados em lata picados. Enquanto isso, grelhe as abobrinhas como acima e misture ao fusilli com um punhado de folhas de manjericão picadas. Coloque tudo em uma travessa refratária, cubra com um punhado de farinha de rosca e 75 g de feta amassado. Leve ao forno preaquecido a 190 °C por 15 minutos, ou até dourar e ficar no ponto. Sirva com brotos de ervilha temperados com um pouco de suco de limão e azeite extravirgem.

20 Espaguete com almôndegas de atum

4 porções

2 cebolinhas em fatias finas
370 g de atum em lata escorrido (aproximadamente 2 latas)
1 gema ligeiramente batida
50 g de farinha de rosca
um punhado de folhas de hortelã picadas, mais um pouco para finalizar (opcional)
uma pitada de pimenta-calabresa em flocos
1 colher (sopa) de azeite
375 ml de molho de tomate pronto
400 g de espaguete
sal e pimenta-do-reino moída na hora

- Em uma tigela, misture as cebolinhas, o atum, a gema, a farinha de rosca, a hortelã e a pimenta-calabresa em flocos e tempere. Umedeça ligeiramente as mãos e faça 12 bolinhos do tamanho aproximado de uma noz.
- Aqueça o azeite em uma frigideira antiaderente e frite as almôndegas de atum por 5-10 minutos, até ficarem douradas por inteiro e totalmente cozidas. Adicione o molho de tomate e cozinhe por mais 5 minutos, até aquecer. Ponha um pouco de água se engrossar demais.
- Enquanto isso, cozinhe o espaguete em uma panela grande com água fervente e sal, conforme as instruções da embalagem, até ficar *al dente*. Escorra e incorpore ao molho.
- Sirva com um pouco de hortelã picada por cima, se preferir.

---

10 **Espaguete simples com atum** Cozinhe e escorra o espaguete como acima. Enquanto isso, em uma tigela, misture 120 g de atum em lata escorrido, 1 pimenta vermelha sem sementes (se preferir) e picada, 150 g de tomates-cereja cortados ao meio e o suco de um limão. Incorpore ao macarrão escorrido com um bom punhado de folhas de rúcula. Sirva imediatamente.

30 **Espaguete com almôndegas picantes de atum fresco** Pique o máximo que conseguir 400 g de atum fresco em uma tábua de cozinha. Faça pequenas almôndegas de atum como acima, substituindo o atum em lata pelo fresco e adicionando 1 colher (chá) de cominho em pó e 15 g de uvas-passas. Continue a receita como acima.

20 Farfalle primavera

4 porções

400 g de farfalle
1 colher (sopa) de azeite
4 cebolinhas fatiadas
25 ml de vinho branco seco
150 g de aspargos
125 g de favas congeladas
50 g de cream cheese light
sal e pimenta-do-reino moída na hora
cebolinhas-francesas picadas, para finalizar (opcional)

- Cozinhe o farfalle em uma panela grande com água fervente e sal, conforme as instruções da embalagem, até ficar *al dente*.
- Enquanto isso, aqueça o azeite em uma frigideira, adicione as cebolinhas e refogue por 1-2 minutos, até ficarem macias. Junte o vinho e deixe ferver por alguns minutos, até formar um caldo ralo. Acrescente os aspargos e 50 ml de água. Tampe e deixe em fogo brando por 5 minutos.
- Adicione as favas e, em seguida, o cream cheese. Mexa, adicionando um pouco mais de água, se necessário, até que o queijo derreta, encorpando o molho, e as favas fiquem macias.
- Escorra o farfalle, reservando um pouco da água, e retorne-o à panela. Incorpore o molho, adicionando um pouco da água reservada para soltar, se necessário.
- Finalize com cebolinhas-francesas e sirva.

---

10 Espaguetine primavera rápido Cozinhe 400 g de espaguetine, conforme as instruções da embalagem, até ficar *al dente*. Adicione os aspargos e as favas 3 minutos antes de finalizar o cozimento. Enquanto isso, em uma tigela, misture o cream cheese com 2-3 colheres (sopa) de pesto pronto. Escorra o macarrão com os legumes, reservando um pouco da água, e retorne-os à panela. Incorpore a mistura de cream cheese, adicionando um pouco da água reservada para soltar o espaguetine. Sirva imediatamente.

30 Farfalle primavera com vegetais grelhados Aqueça bem uma frigideira. Em uma tigela, regue com azeite 4 cebolinhas fatiadas, 150 g de aspargos e 125 g de alho-poró limpo. Coloque metade dos vegetais na frigideira quente por 7-10 minutos, ou até ficarem macios e ligeiramente tostados. Retire-os e mantenha-os aquecidos. Repita o processo com o restante dos vegetais. Enquanto isso, cozinhe e escorra o farfalle como acima. Incorpore os vegetais grelhados com um pouco de suco de limão, um pouco da água do cozimento e uma boa porção de parmesão fresco ralado. Em uma tábua de cozinha, pique as raspas de meio limão, 1 dente de alho e 1 colher (sopa) de salsa. Junte tudo e salpique sobre o macarrão.

30 Penne com molho caponata

4 porções

1 berinjela em cubos
4 colheres (sopa) de azeite
1 cebola fatiada
1 dente de alho fatiado
2 talos de aipo fatiados
75 g de azeitonas verdes grandes
1 colher (sopa) de alcaparras escorridas
50 ml de vinagre de vinho branco
2 colheres (sopa) de açúcar
400 g de tomates-cereja
400 g de penne
sal e pimenta-do-reino moída na hora
folhas de manjericão rasgadas, para finalizar

- Misture a berinjela com 2 colheres (sopa) de azeite, coloque em uma assadeira e tempere. Leve ao forno preaquecido a 190 °C por 20 minutos, até ficar macia e dourada.
- Para o molho caponata, aqueça o azeite restante em uma frigideira grande, adicione a cebola e o alho e refogue por 5 minutos em fogo brando. Adicione o aipo e refogue por mais 5 minutos, até ficar macio. Junte as azeitonas, as alcaparras, o vinagre, o açúcar e os tomates. Ferva, diminua a temperatura e mantenha em fogo brando por 15 minutos, adicionando a berinjela assada por alguns minutos para aquecer. Tempere.
- Enquanto isso, cozinhe o penne em uma panela grande com água fervente e sal, conforme as instruções da embalagem, até ficar *al dente*. Escorra, reservando um pouco da água do cozimento, e retorne à panela. Incorpore o molho, adicionando a água reservada para soltar a massa, se necessário.
- Salpique o manjericão e sirva.

10 Penne rápido com berinjela e tomate Corte 1 berinjela em fatias bem finas, pincele com azeite e tempere. Grelhe em chapa preaquecida por 3-5 minutos de cada lado. Enquanto isso, cozinhe o penne como acima. Em uma tigela, misture 1 colher (sopa) de vinagre balsâmico, meia colher (chá) de açúcar e 3 colheres (sopa) de azeite extravirgem. Escorra o macarrão e retorne-o à panela. Incorpore a berinjela, 150 g de tomates-cereja cortados ao meio e o molho. Sirva imediatamente.

20 Penne com berinjela e molho caponata Faça o molho caponata como acima, sem o aipo. Enquanto isso, pincele fatias finas de berinjela com azeite, tempere e grelhe em chapa preaquecida por 3 minutos de cada lado. Adicione ao molho 2 colheres (chá) de chocolate meio amargo ralado para encorpar e aqueça. Enquanto isso, cozinhe e escorra o penne como acima. Incorpore o molho e sirva imediatamente.

20 Rotelle com tomate, feta e frango assado

4 porções

2 colheres (sopa) de azeite
2 filés de peito de frango
1 colher (chá) de mel
suco de 1 limão-siciliano
200 g de tomates-cereja
400 g de macarrão rotelle ou ruote
um punhado de folhas de orégano picadas
25 g de feta
sal e pimenta-do-reino moída na hora

- Pincele um pouco de azeite nos filés, coloque na assadeira e tempere bem. Leve ao forno preaquecido a 200 °C por 12 minutos, ou até estarem parcialmente assados.
- Retire a assadeira do forno, regue os filés com mel e uma boa dose de suco de limão e espalhe os tomates em volta. Retorne ao forno e deixe por mais 5 minutos, ou até ficarem totalmente assados.
- Enquanto isso, cozinhe o rotelle em uma panela grande com água fervente e sal, conforme as instruções da embalagem, até ficar *al dente*. Escorra, reservando um pouco da água do cozimento, e retorne-o à panela. Incorpore o restante do suco de limão, do azeite e o orégano.
- Corte os filés de frango em pedaços médios e misture ao rotelle com os tomates, adicionando a água reservada, se necessário. Finalize com feta amassado e sirva imediatamente.

---

10 Tagliatelle simples com frango, tomate e feta Cozinhe e escorra 400 g de tagliatelle, conforme as instruções da embalagem, até ficar *al dente*. Misture 2 filés de peito de frango assados e desfiados, um bom punhado de tomates secos em conserva escorridos e um pouco de vinagre balsâmico para temperar. Sirva com folhas de manjericão e o feta, como acima.

30 Rotelle com tomate, feta e frango grelhado Em uma tigela, misture 1 dente de alho amassado, um punhado de folhas de orégano, o suco de meio limão e 3 colheres (sopa) de azeite extravirgem. Em seguida, adicione 2 filés de peito de frango e deixe marinar por 15 minutos. Aqueça bem uma frigideira e grelhe os filés por 5-7 minutos de cada lado, até ficarem no ponto. Coloque 200 g de tomates-cereja em uma assadeira e regue-os com um pouco de azeite. Leve ao forno preaquecido por 1-2 minutos, até ficarem ligeiramente tostados. Enquanto isso, cozinhe e escorra o rotelle como acima. Em uma tigela, amasse 50 g de feta com 3 colheres (sopa) de creme de leite e incorpore à massa com os tomates. Corte o frango em fatias e sirva sobre o rotelle com um pouco mais de feta amassado, se preferir.

20 Espaguete com pimentão vermelho e nozes

4 porções
2 colheres (sopa) de azeite
2 pimentões vermelhos
1 echalota bem picada
1 dente de alho bem picado
75 g de nozes
1 colher (sopa) de vinagre balsâmico
4 colheres (sopa) de cream cheese light
400 g de espaguete
um punhado de salsa picada
sal e pimenta-do-reino moída na hora

- Pincele 1 colher (sopa) do azeite sobre os pimentões vermelhos. Grelhe em chapa quente por 10 minutos, virando, até tostarem por completo. Deixe descansar por 5 minutos em um saco para assar de celofane. Quando esfriarem, tire a pele. Corte ao meio, remova as sementes e fatie.
- Aqueça o azeite restante em uma frigideira pequena e frite a echalota e o alho por 3-5 minutos, até ficarem macios. Toste ligeiramente as nozes em uma frigideira separada, salteando com frequência. Bata a echalota refogada e a maior parte das nozes (reserve um pouco) no processador com o vinagre balsâmico, até formar uma pasta encorpada. Misture com o cream cheese e tempere bem.
- Cozinhe o espaguete em uma panela grande com água fervente e sal até ficar *al dente*. Escorra, reservando um pouco da água, e retorne-o à panela. Incorpore a pasta de nozes, adicionando um pouco da água reservada para soltar o macarrão. Adicione os pimentões e a salsa. Sirva com as nozes picadas.

10 Espaguete com molho rápido de pimentão vermelho e nozes
Cozinhe e escorra o espaguete como acima. Enquanto isso, bata no processador as nozes, o alho, o cream cheese, 2 pimentões em conserva escorridos e um punhado de folhas de manjericão picadas para formar um molho. Incorpore ao macarrão e sirva com nozes picadas, se preferir.

30 Espaguete com pimentão vermelho, nozes e mexilhões
Grelhe os pimentões, retire a pele e pique-os, como acima. Enquanto isso, aqueça um pouco de azeite em uma panela grande, adicione 1 echalota e 2 dentes de alho picados e refogue até ficarem macios. Acrescente 100 ml de vinho branco seco e 100 ml de caldo quente de peixe e cozinhe por 10 minutos até reduzir bastante. Adicione 450 g de mexilhões limpos, tampe e deixe por 5 minutos, até os mexilhões abrirem. Descarte os que permanecerem fechados. Retire os mexilhões da panela. Enquanto isso, cozinhe e escorra o espaguete como acima. Para fazer o molho, misture 75 g de nozes picadas com 4 colheres (sopa) de cream cheese light e os pimentões vermelhos. Acrescente os mexilhões e incorpore o espaguete escorrido. Sirva com um pouco de salsa picada.

30 Tripoline com frutos do mar e abóbora assada

4 porções

400 g de abóbora-paulista descascada, sem sementes e cortada em cubos
2 colheres (sopa) de azeite
400 g de macarrão tripoline (ou pappardelle)
1 cebola bem picada
2 dentes de alho bem picados
1 pimenta vermelha sem sementes (se preferir) e bem picada
75 ml de vinho branco seco
500 g de mexilhões limpos
sal e pimenta-do-reino moída na hora
folhas de coentro picadas, para finalizar

- Em uma assadeira, regue a abóbora com 1 colher (sopa) de azeite e tempere bem. Leve ao forno preaquecido a 200 °C por 15 minutos. Vire a abóbora e deixe por mais 10 minutos, ou até ficar macia e ligeiramente dourada.
- Enquanto isso, cozinhe o tripoline em uma panela grande com água fervente e sal, conforme as instruções da embalagem, até ficar *al dente*.
- Aqueça o restante do azeite em outra panela grande, adicionando a cebola, o alho e a pimenta e refogue por alguns minutos até ficarem macios. Acrescente o vinho e deixe levantar fervura. Abaixe o fogo e cozinhe por 1-2 minutos. Adicione os mexilhões, tampe e cozinhe por 5 minutos, até se abrirem. Descarte todos os que permanecerem fechados.
- Escorra a massa e retorne à panela. Incorpore a abóbora, os mexilhões e os caldos do cozimento de ambos. Tempere bem.
- Sirva com coentro picado por cima.

---

10 Tripoline fácil com abóbora e frutos do mar Cozinhe 400 g de tripoline e a abóbora-paulista, preparada como acima, em uma panela grande com água fervente por 10 minutos, até ficarem macios. Escorra e retorne-os à panela. Incorpore 200 g de mexilhões pré-cozidos (comprados prontos), o suco de 1 limão e um pouco de pimenta-calabresa em flocos. Sirva como acima.

20 Tripoline com abóbora e molho de frutos do mar Aqueça um pouco de azeite em uma frigideira grande, adicione a abóbora-paulista descascada, sem semente e em cubos e refogue em fogo baixo por 12-15 minutos até ficar macia. Bata no processador até formar um purê. Aqueça um pouco de azeite em uma frigideira, adicione 1 cebola bem picada e refogue até ficar macia, então acrescente o purê de abóbora, 75 g de creme de leite fresco e água suficiente para fazer o molho. Adicione 200 g de camarões grandes sem casca e cozinhe por 3 minutos. Enquanto isso, cozinhe e escorra o tripoline como acima. Incorpore o molho e sirva com 25 g de queijo de cabra macio e salsa picada.

20 Nhoque com salmão ao molho de tomate e pimenta

4 porções

2 colheres (sopa) de azeite
250 g de filés de salmão
1 cebola bem picada
2 dentes de alho bem picados
1 colher (chá) de purê de tomate
1-2 colheres (sopa) de molho suave de pimenta
400 g de tomates pelados em lata picados
400 g de nhoque seco
sal e pimenta-do-reino moída na hora
folhas de manjericão, para finalizar

- Pincele 1 colher (sopa) de azeite sobre os filés e tempere bem. Asse em forno preaquecido a 190 °C por 12-15 minutos, ou até o peixe assar e soltar lascas facilmente.
- Enquanto isso, aqueça o azeite restante em uma panela, adicione a cebola e o alho e refogue por alguns minutos até ficarem macios. Acrescente o purê de tomate, o molho suave de pimenta e os tomates. Espere ferver, reduza bem o fogo e mantenha aquecido até servir.
- Cozinhe o nhoque em uma panela grande com água fervente e sal, conforme as instruções da embalagem, até ficar *al dente*. Escorra, reservando um pouco da água, e retorne-o à panela. Incorpore o molho de tomate, adicionando um pouco da água reservada, se necessário. Cuidadosamente, desfie o peixe em lascas, removendo a pele e as espinhas, e incorpore ao nhoque.
- Finalize com folhas de manjericão salpicadas.

---

10 Nhoque rápido com tomates picantes e salmão Cozinhe e escorra o nhoque como acima. Enquanto isso, em uma tigela, misture 200 g de tomates-cereja cortados ao meio, 3 colheres (sopa) de molho suave de pimenta e um punhado de folhas picadas de manjericão. Incorpore ao nhoque com duas fatias de salmão defumado cortadas em pedaços médios. Sirva imediatamente.

30 Salada de ditalini com salmão, tomate e pimenta Cozinhe 300 g de ditalini, conforme as instruções da embalagem. Esfrie em água corrente e escorra. Enquanto isso, em uma frigideira, coloque um filé de salmão de 250 g, adicione vinho branco seco e caldo de peixe suficientes para cobri-lo e então escalde por 15 minutos, até ficar no ponto. Remova a pele e as espinhas, depois desfie em lascas. Em uma tigela, misture um pouco de suco de limão, 1 colher (chá) de mel, 1 pimenta sem sementes e picada e 3 colheres (sopa) de azeite extravirgem. Pique e tire as sementes de 3 tomates maduros. Fatie bem fino meio pepino com um descascador de legumes. Incorpore tudo em uma travessa grande e sirva com folhas de coentro por cima.

20 Tortiglioni vegetariano com vinagrete de manjericão

4 porções

2 colheres (sopa) de azeite
1 pimentão vermelho sem sementes e fatiado
1 berinjela fatiada
1 abobrinha fatiada
150 g de tomates mascote
400 g de tortiglioni
25 g de pinholes torrados

Para o vinagrete de manjericão

1 colher (sopa) de vinagre de vinho branco
½ colher (chá) de mostarda de Dijon
2 colheres (sopa) de azeite extravirgem
um grande punhado de folhas de manjericão
sal e pimenta-do-reino moída na hora

- Pincele o azeite sobre o pimentão, a berinjela, a abobrinha e os tomates cortados ao meio e tempere bem. Grelhe os legumes em porções, até ficarem macios e ligeiramente tostados.
- Enquanto isso, cozinhe o tortiglioni em uma panela grande com água fervente e sal, conforme as instruções da embalagem, até ficar *al dente*. Escorra a massa, reservando um pouco da água do cozimento.
- Para fazer o vinagrete, bata o vinagre e a mostarda em uma tigela pequena. Adicione o azeite lentamente, batendo o tempo todo, até formar um molho suave. Tempere e acrescente o manjericão bem picado.
- Retorne a massa à panela. Misture uma parte do vinagrete e os legumes grelhados, adicionando um pouco da água reservada para soltar, se necessário.
- Sirva com o restante do vinagrete e com os pinholes.

---

10 Penne fácil com legumes grelhados

Cozinhe e escorra 400 g de penne, conforme as instruções da embalagem, até ficar *al dente*. Enquanto isso, em uma tigela, misture 50 g de queijo de cabra macio e 3 colheres (sopa) de pesto pronto. Incorpore 1 berinjela e 1 pimentão grelhados e picados e a mistura de queijo ao macarrão. Sirva imediatamente.

30 Tortiglioni com molho ratatouille

Pique os mesmos legumes da receita acima em pedaços pequenos. Aqueça um pouco de azeite em uma frigideira, adicione-os e refogue em porções até dourar. Enquanto isso, aqueça 2 colheres (sopa) de azeite em uma panela separada, adicione 1 cebola e 1 dente de alho bem picados e refogue até ficarem macios. Junte 100 ml de vinho branco seco e aqueça por 5 minutos, depois adicione 400 g de tomates pelados em lata picados e apure em fogo brando por mais 10 minutos. Retire a panela do fogo, bata com um mixer e acrescente os legumes refogados. Retorne a panela ao fogo e cozinhe em fogo brando por mais 10 minutos. Tempere bem e adicione um punhado de manjericão picado. Enquanto isso, cozinhe e escorra o tortiglioni como acima. Incorpore o molhode legumes à massa e sirva.

20 Pappardelle com erva-doce, azeitonas e laranja

4 porções

2 colheres (sopa) de azeite
1 bulbo de erva-doce em fatias finas
1 cebola roxa fatiada
2 dentes de alho fatiados
1 laranja
75 ml de vinho branco seco
50 g de azeitonas pretas picadas
400 g de pappardelle
sal
folhas de manjericão picadas, para finalizar

- Aqueça o azeite em uma panela média, adicione a erva-doce, a cebola e o alho e refogue em fogo baixo por 10 minutos, até ficarem macios. Com uma faca afiada, corte uma tira da casca de laranja e adicione à panela com o vinho. Deixe levantar fervura, reduza o fogo e acrescente as azeitonas. Cozinhe em fogo brando por cerca de 10 minutos, adicionando um pouco de água se necessário.
- Enquanto isso, cozinhe o pappardelle em uma panela grande com água fervente e sal, conforme as instruções da embalagem, até ficar *al dente*. Escorra, reservando um pouco da água. Incorpore o molho (retire a casca da laranja), adicionando um pouco da água reservada para soltar a massa, se necessário.
- Sirva com raspas de laranja por cima. Para finalizar, salpique o manjericão.

10 Pappardelle rápido com molho de erva-doce e laranja Cozinhe o pappardelle como acima. Enquanto isso, aqueça um pouco de azeite em uma frigideira, adicione a erva-doce e 1 dente de alho bem picados e refogue por 3 minutos, até dourarem. Acrescente 50 ml de vermute e deixe ferver, depois junte o suco de meia laranja. Escorra a massa e retorne-a à panela. Incorpore 50 g de azeitonas pretas picadas, um punhado de manjericão picado e o molho de erva-doce.

30 Peixe-espada grelhado com salada de penne, erva-doce, azeitonas e laranja Corte um bulbo de erva-doce em tiras largas. Pincele com azeite e grelhe em chapa bem quente por 3 minutos de cada lado, ou até ficarem ligeiramente tostadas. Deixe esfriar. Cozinhe 400 g de penne, conforme as instruções da embalagem. Esfrie em água corrente e escorra. Pincele quatro filés de peixe-espada com um pouco de azeite, tempere e grelhe em temperatura média por 5-7 minutos de cada lado, ou até atingirem o ponto. Em uma travessa, junte a massa fria, a erva-doce, 50 g de azeitonas pretas picadas, 5 tomates picados, 2 colheres (sopa) de azeite extravirgem e um pouco de raspas de laranja. Sirva com os filés de peixe.

30 Penne com brócolis assados, pimenta e alho

4 porções

1 maço de brócolis
3 colheres (sopa) de azeite
4 dentes de alho em fatias finas
1 pimenta vermelha sem sementes (se preferir) e fatiada
400 g de penne integral
suco e raspas de ½ limão-siciliano
sal e pimenta-do-reino moída na hora

- Corte os brócolis em buquês pequenos e coloque-os em uma assadeira. Regue com 2 colheres (sopa) de azeite e tempere. Leve ao forno preaquecido a 190 °C por 20 minutos, ou até começarem a tostar por inteiro.
- Adicione o alho e a pimenta, retorne ao forno e asse por mais 2 minutos, até ficarem ligeiramente dourados.
- Enquanto isso, cozinhe o penne em uma panela grande com água fervente e sal, conforme as instruções da embalagem, até ficar *al dente*. Escorra e retorne-o à panela. Misture as raspas e o suco do limão para temperar.
- Acrescente os brócolis, o alho, a pimenta e o azeite restante. Sirva imediatamente.

---

10 Penne com brócolis ao azeite de pimenta e alho Cozinhe o penne como acima. Adicione à panela um maço de brócolis cortado em buquês 4-5 minutos antes de finalizar o cozimento. Enquanto isso, aqueça 3 colheres (sopa) de azeite em uma frigideira, adicione a pimenta, o alho e as raspas do limão, como acima, e refogue por 1-2 minutos. Escorra a massa com os brócolis e retorne-os à panela. Incorpore o azeite aromatizado e um pouco de suco de limão. Sirva imediatamente.

---

20 Penne com brócolis picantes Cozinhe e escorra o penne como acima. Enquanto isso, cozinhe um maço de brócolis cortado em buquês em uma panela com água fervente por 2 minutos. Escorra bem e seque com papel-toalha. Unte-os com 1 colher (sopa) de azeite e tempere com 1 dente de alho amassado e uma pitada de pimenta-calabresa em flocos. Grelhe os brócolis por alguns minutos, até dourarem por inteiro. Misture à massa com um pouco de suco de limão. Sirva imediatamente.

30 Maccheroni com molho três queijos e tomate

4 porções

400 g de maccheroni
2 colheres (sopa) de farinha de milho
500 ml de leite
250 g de tofu macio
150 g de cheddar ralado
15 g de parmesão fresco ralado
1 tomate grande fatiado
sal e pimenta-do-reino moída na hora

- Cozinhe o maccheroni em uma panela grande com água fervente e sal, conforme as instruções da embalagem, até ficar *al dente*.
- Para o molho, coloque a farinha de milho em uma panela pequena, adicione 4 colheres (sopa) de leite e misture até ficar homogêneo. Aos poucos, acrescente o restante do leite, deixe levantar fervura e cozinhe em fogo brando até engrossar ligeiramente.
- Bata o tofu no processador até formar uma pasta. Adicione ao creme branco e incorpore até ficar homogêneo. Acrescente a maior parte dos queijos e tempere bem.
- Escorra o macarrão e incorpore o molho de três queijos. Coloque em uma travessa refratária, cubra com o restante dos queijos e finalize com as fatias de tomate.
- Leve ao forno preaquecido a 190 °C por 15 minutos, ou até gratinar.

---

10 Chifferi simples com cream cheese e tomate Cozinhe e escorra 400 g de chifferi, conforme as instruções da embalagem, e reserve um pouco da água do cozimento. Enquanto isso, em uma tigela, misture 6 colheres (sopa) de cream cheese light e um bom punhado de parmesão fresco ralado. Incorpore à massa, adicionando um pouco da água reservada, se necessário. Sirva com 2 tomates maduros picados.

20 Maccheroni três queijos gratinado Cozinhe e escorra o maccheroni e prepare o molho três queijos, como acima. Incorpore ao macarrão com 5 tomates secos picados e escorridos e um punhado de folhas de manjericão. Coloque em uma travessa refratária, cubra com um punhado de farinha de rosca grossa e um pouco mais de parmesão, se preferir. Leve ao forno preaquecido em temperatura alta por alguns minutos, até ficar ligeiramente dourado.

Para os amigos

Listas de receitas por tempo de preparo

30

20

10

20 Brodo light de mariscos e tomate

4 porções

150 g de tomates
2 colheres (sopa) de azeite
2 dentes de alho bem picados
150 ml de vinho branco seco
2 litros de caldo quente de frango ou peixe
5 tomates secos em conserva escorridos e bem picados
200 g de macarrão anellini
1 kg de mariscos limpos
sal e pimenta-do-reino moída na hora
salsa picada, para finalizar
gomos de limão-siciliano e pão italiano, para servir

- Faça um corte em cruz sobre cada tomate, coloque-os em uma tigela refratária e cubra com água fervente. Deixe por 1-2 minutos, escorra e retire a pele de cada um. Corte-os ao meio, retire as sementes e pique grosseiramente.
- Aqueça o azeite em uma panela grande, adicione o alho e frite por 30 segundos, até começar a dourar. Junte o vinho e cozinhe por 5 minutos, até reduzir ligeiramente. Acrescente o caldo quente e deixe ferver. Adicione, então, os tomates frescos e os secos, tempere e cozinhe em fogo brando por 5 minutos.
- Adicione o anellini e os mariscos, tampe e cozinhe por 5 minutos, até a massa atingir o ponto e os mariscos se abrirem. Descarte os que permanecerem fechados. Tempere.
- Salpique a salsa e sirva com os gomos de limão e o pão italiano.

---

10 Espaguete simples com mariscos

Aqueça um pouco de azeite, adicione 1 dente de alho e 1 pimenta vermelha bem picados e refogue por 1 minuto até ficarem macios. Acrescente 75 ml de vinho branco seco e mariscos limpos, como acima. Tampe e cozinhe por 5 minutos até os mariscos se abrirem. Descarte os que permanecerem fechados. Cozinhe 400 g de espaguete até ficar *al dente*. Escorra, devolva à panela e incorpore os mariscos e o líquido em que foram cozidos, 3 colheres (sopa) de creme de leite fresco e um punhado de salsa picada.

30 Linguine com mariscos grelhados

Aqueça um pouco de azeite em uma frigideira, adicione 1 cebola pequena e 1 pimenta vermelha (sem sementes, se preferir) bem picadas e refogue por alguns minutos até ficarem macias. Acrescente 75 ml de vinho branco seco e uma pitada de açafrão. Cozinhe em fogo baixo por 5 minutos até reduzir. Adicione 200 ml de caldo pronto de mariscos e cozinhe em fogo baixo por mais 10 minutos. Grelhe os mariscos limpos por 5-7 minutos, transfira-os para uma assadeira quando abrirem e cubra-os com um pouco de manteiga de alho. Descarte os que permanecerem fechados. Asse por mais 5 minutos, até a manteiga começar a derreter. Enquanto isso, cozinhe 400 g de linguine, conforme as instruções da embalagem, até ficar *al dente*. Escorra e incorpore o molho. Sirva com os mariscos grelhados.

30 Linguine com sashimi de atum e rúcula

2 porções

150 g de filés bem frescos de atum
200 g de linguine
3 colheres (sopa) de azeite extravirgem, mais um pouco para servir
suco de ½ limão-siciliano
50 g de folhas de rúcula
sal e pimenta-do-reino moída na hora
lascas de parmesão fresco, para finalizar

- Embrulhe o atum bem apertado em filme plástico e coloque no congelador por 20 minutos, então corte em fatias bem finas com uma faca bem afiada.
- Enquanto isso, cozinhe o linguine em uma panela grande com água fervente e sal, conforme as instruções da embalagem, até ficar *al dente*. Escorra o linguine e retorne-o à panela. Incorpore com cuidado as fatias de atum, 1 colher (sopa) de azeite e um pouco do suco de limão.
- Em uma tigela, misture a rúcula, o restante do suco de limão e 1 colher (sopa) de azeite e tempere.
- Divida a massa em porções, espalhe a salada de rúcula e salpique pimenta-do-reino. Finalize com as lascas de parmesão e regue com o restante do azeite.

10 Linguine de inverno com atum e rúcula

Cozinhe o linguine como acima. Enquanto isso, em uma tigela, misture 1 gema, o suco e as raspas de 1 limão e 1 dente de alho amassado. Escorra a massa e retorne à panela. Incorpore a mistura de ovo, 160 g de atum em lata escorrido e em lascas, um punhado de alcaparras escorridas e 50 g de folhas de rúcula. Sirva imediatamente.

20 Linguine com atum grelhado e rúcula

Cozinhe e escorra o linguine como acima. Enquanto isso, pincele com um pouco de azeite um filé grande de atum e tempere com sal e bastante pimenta-do-reino. Grelhe o atum em chapa aquecida por 3-5 minutos de cada lado, ou até ficar dourado por fora, mas ainda cru por dentro. Deixe descansar por alguns minutos antes de cortar em fatias grossas. Misture 50 g de folhas de rúcula com um pouco de suco de limão e azeite. Incorpore as fatias de atum e a rúcula à massa e finalize com lascas de parmesão.

10 Aletria com caranguejo

4 porções

400 g de aletria (ou macarrão cabelo de anjo)
250 g de carne de caranguejo fresca
6 colheres (sopa) de creme de leite fresco
suco e raspas de ½ limão-siciliano
1 pimenta vermelha sem sementes (se preferir) e bem picada
um punhado de salsa picada
sal e pimenta-do-reino moída na hora

- Cozinhe a aletria em uma panela grande com água fervente e sal até ficar *al dente*. Escorra, reservando um pouco da água do cozimento, e retorne a massa à panela.
- Incorpore o restante dos ingredientes, adicionando um pouco da água reservada para soltar a massa, se necessário, e tempere bem. Sirva imediatamente.

---

20 Aletria com caranguejo e prosciutto Aqueça o azeite em uma frigideira, adicione 1 cebola pequena bem picada e frite em fogo baixo até ficar macia. Acrescente 1 dente de alho fatiado e refogue por mais 1 minuto. Adicione 150 g de prosciutto em cubos e mantenha em fogo médio por alguns minutos, até dourar. Junte 100 ml de vinho branco seco e cozinhe até reduzir. Misture com 6 colheres (sopa) de creme de leite fresco e 250 g de carne de caranguejo fresca e aqueça. Enquanto isso, cozinhe e escorra a aletria, como acima. Incorpore o molho. Sirva imediatamente.

30 Cabelo de anjo com caranguejo fresco Cozinhe o caranguejo em 1,5 litro de caldo de legumes e 150 ml de vinho branco seco por cerca de 15 minutos cada quilo. Remova, quebre a casca e retire a carne. Cozinhe o macarrão, seguindo as instruções da embalagem, até ficar *al dente*. Retire as garras e as patas e, com o caranguejo virado de costas, use os polegares para empurrar a parte de baixo da carapaça em direção à cabeça. Elimine as vísceras (não comestíveis) e retire a carne. Enquanto isso, aqueça um pouco de manteiga em uma frigideira, adicione 1 echalota e frite até ficar macia. Acrescente 2 colheres (sopa) da carne escura do caranguejo e 50 ml de vinho branco seco (ou o que restar de líquido após o cozimento). Cozinhe em fogo brando por alguns minutos e adicione o creme de leite fresco e a carne branca, como acima. Escorra o macarrão e retorne-o à panela. Incorpore o molho de caranguejo e sirva imediatamente.

20 Riccioli al barolo com molho de cogumelos e presunto cru

6 porções

25 g de manteiga
1 colher (sopa) de azeite
1 echalota bem picada
1 dente de alho pequeno amassado
75 ml de vinho branco seco
50 ml de caldo quente de frango
125 ml de creme de leite fresco
25 g de parmesão fresco ralado, mais um pouco para servir (opcional)
6 fatias de presunto cru
400 g de cogumelos selvagens variados, limpos e cortados ao meio (se forem grandes)
625 g de macarrão riccioli al barolo (massa em forma de fita que leva vinho barolo – como alternativas, fettuccine e tagliatelle)
manjericão fresco, para finalizar
sal e pimenta-do-reino moída na hora

- Aqueça metade da manteiga e metade do azeite em uma panela, adicione a echalota e o alho e frite por alguns minutos até ficarem macios. Acrescente o vinho e deixe ferver bem até formar um caldo, reduzido a algumas colheres (sopa) do líquido. Adicione o caldo e cozinhe por mais 5 minutos. Junte o creme e o parmesão, tempere e mantenha aquecido.
- Aqueça a manteiga e o azeite restantes em uma frigideira, adicione as fatias de presunto cru e frite por 1-2 minutos até começarem a chiar. Retire da panela e reserve. Adicione os cogumelos à frigideira e refogue por 3-5 minutos ou até dourarem. Adicione o molho.
- Enquanto isso, cozinhe a massa em uma panela grande com água fervente e sal, conforme as instruções da embalagem, até ficar *al dente*. Escorra a massa, reservando um pouco da água do cozimento. Incorpore o molho de cogumelos, adicionando a água reservada, se necessário.
- Divida as porções, pique um pouco do presunto cru em cada prato e finalize com o parmesão e, se quiser, manjericão.

---

10 Riccioli al barolo com cogumelos e pesto Cozinhe 625 g de riccioli al barolo como indicado acima. Enquanto isso, refogue os cogumelos em um pouco de azeite até ficarem macios. Escorra a massa e retorne-a à panela. Incorpore os cogumelos e 6 colheres (sopa) de pesto pronto. Sirva com um punhado de pinholes tostados.

---

30 Riccioli al barolo com cogumelos e alho-poró Aqueça um pouco de azeite em uma frigideira, adicione 150 g de pancetta em cubos e frite em fogo alto por 5 minutos, ou até ficar crocante. Reduza o fogo e adicione 4 alhos-porós limpos e fatiados, 1 colher (sopa) de folhas de tomilho picadas e um pouco de água. Cozinhe em fogo baixo por 15 minutos, ou até ficarem bem macios e ligeiramente caramelizados. Acrescente 5 colheres (sopa) de creme de leite fresco e 100 g de taleggio cortado em cubos, para fazer um molho. Regue os cogumelos com azeite e refogue na frigideira aquecida por 5 minutos, ou até ficarem ligeiramente tostados. Enquanto isso, cozinhe e escorra o riccioli al barolo. Incorpore os cogumelos e o molho de alho-poró e sirva imediatamente.

20 Tacconelli com creme de vodca e tomate

4 porções
15 g de manteiga
8 fatias de pancetta
1 ramo de alecrim
75 ml de vodca
350 ml de molho de tomate pronto
400 g de tacconelli (ou farfalle)
150 ml de creme de leite fresco
sal e pimenta-do-reino moída na hora
parmesão fresco ralado na hora, para servir

- Aqueça a manteiga em uma panela, adicione a pancetta e frite por cerca de 3 minutos, até ficar dourada e crocante. Retire da panela e mantenha aquecida. Coloque o alecrim na mesma panela, retire do fogo e adicione a vodca. Retorne ao fogo alto e cozinhe até a vodca reduzir a 1 colher (sopa). Acrescente o molho de tomate, abaixe bem o fogo e cozinhe por 10 minutos.
- Enquanto isso, cozinhe a massa em uma panela grande com água fervente e sal até ficar *al dente*.
- Retire o alecrim do molho e misture o creme de leite. Escorra o tacconelli, reservando um pouco da água do cozimento, e retorne-o à panela. Incorpore o molho, adicionando a água reservada para soltar a massa, se necessário. Tempere.
- Disponha as porções em tigelas com as fatias de pancetta por cima e salpique parmesão ralado. Sirva a seguir.

---

10 Penne rápido com tomate e vodca

Cozinhe 500 g de penne fresco como acima. Enquanto isso, aqueça um pouco de azeite em uma frigideira, adicione 3 colheres (sopa) de purê de tomate e cozinhe por 30 segundos. Acrescente 100 g de tomates mascote cortados ao meio e 2 colheres (sopa) de vodca e cozinhe por alguns minutos, até os tomates ficarem macios. Em seguida, adicione 150 ml de creme de leite fresco. Escorra o penne e retorne-o à panela. Incorpore o molho e sirva imediatamente.

20 Penne na vodca com tomate

assado Coloque 150 g de tomates mascote cortados ao meio em uma assadeira, regue com um pouco de azeite e tempere. Leve ao forno preaquecido a 150 °C por 20–25 minutos, até ficarem ligeiramente dourados. Enquanto isso, cozinhe 500 g de penne, como acima. Aqueça 50 ml de vodca em uma panela pequena e deixe borbulhar até reduzir a 1 colher (sopa). Adicione 75 ml de creme de leite fresco e 25 g de parmesão fresco ralado. Escorra a massa e retorne-a à panela. Incorpore o molho,os tomates assados e um punhado de folhas de manjericão picadas. Sirva imediatamente.

20 Massa com salmão e abobrinha

4 porções

150 ml de vinho branco seco
150 ml de creme de leite fresco
um pouco de suco de limão-siciliano
um punhado de endro picado
12 folhas de lasanha
2 abobrinhas
4 filés de salmão defumado
3 cebolinhas fatiadas
sal e pimenta-do-reino moída na hora

- Ferva o vinho em uma panela pequena por 5 minutos até se tornar um caldo, reduzindo à metade. Adicione o creme de leite fresco, o suco de limão e a maior parte do endro. Tempere e mexa até ficar homogêneo.
- Enquanto isso, cozinhe as folhas de lasanha em uma panela grande com água fervente e sal por 3-5 minutos, ou até ficarem macias. Escorra bem. Corte as abobrinhas em tiras finas e longas, usando um descascador de legumes.
- Corte cada folha de lasanha em formas irregulares e coloque em uma tigela. Fatie o salmão em pedaços grandes.
- Arrume o salmão e a massa com as tiras de abobrinha nos pratos. Regue com o molho e sirva salpicado com as cebolinhas e o restante do endro.

---

10 **Fettuccine com abobrinha, aspargos e salmão** Cozinhe 400 g de fettuccine, conforme as instruções da embalagem, até ficar *al dente*. Adicione 200 g de aspargos à panela, 3 minutos antes de finalizar o cozimento. Escorra e retorne-os à panela. Junte duas fatias de salmão defumado em lascas, as raspas de 1 limão-siciliano e 100 ml de creme de leite fresco. Sirva com 1 abobrinha cortada em tiras bem finas.

20 **Lasanha de abobrinha e salmão** Prepare 12 folhas de lasanha fresca. Faça o molho de vinho de acordo com a receita acima, rale 2 abobrinhas e misture ao molho com o salmão em lascas. Alterne camadas do molho e das folhas de lasanha em uma travessa refratária. Em uma tigela, misture 200 ml de creme de leite fresco e 100 g de ricota e dilua com leite para fazer um molho. Despeje sobre a lasanha, salpique 25 g de parmesão fresco ralado e leve ao forno preaquecido a 200 °C por cerca de 15 minutos, ou até dourar e borbulhar.

30 Ravióli de queijo de cabra e tomate seco com azeite de manjericão

2 porções
1 folha grande de massa fresca ou 24 folhas de massa de guioza ou wantan
farinha de trigo, para polvilhar
1 gema, para pincelar

Para o recheio
150 g de queijo de cabra macio
100 g de mascarpone
3 tomates secos em conserva escorridos e bem picados
sal e pimenta-do-reino moída na hora

Para o azeite de manjericão
50 g de folhas de manjericão
75 ml de azeite extravirgem

- Para o recheio, misture os queijos e os tomates, tempere bem e reserve.
- Para o azeite de manjericão, bata o manjericão e o azeite no processador. Em seguida, passe por uma peneira bem fina, para obter um azeite verde.
- Para os raviólis, coloque a folha de massa sobre uma superfície limpa e enfarinhada. Usando um cortador de 5 cm de diâmetro, faça 24 círculos. Coloque 1 colher (sopa) de recheio no centro de um círculo de massa e pincele o ovo na borda. Pincele a borda de um segundo círculo e coloque-o por cima do primeiro (com o recheio), ajustando as bordas para que as partes pinceladas fiquem viradas uma para a outra. Pressione suavemente para tirar qualquer excesso de ar e sele as bordas. Repita o processo com os círculos restantes e, ao finalizar cada um, disponha-os em uma assadeira enfarinhada.
- Cozinhe os raviólis em uma panela grande com água fervente e sal por 3 minutos. Retire-os com uma escumadeira e arrume no prato. Sirva imediatamente com o azeite aromatizado.

---

10 Tortelloni de queijo com molho especial de tomate seco Coloque um punhado de folhas de manjericão, 25 g de pinholes tostados, 5 tomates secos em conserva escorridos, 15 g de parmesão ralado e 3 colheres (sopa) de azeite no processador e bata até obter um molho encorpado. Cozinhe 250 g de tortelloni de queijo pronto. Escorra e retorne-o à panela. Incorpore o molho e sirva imediatamente.

20 Penne com queijo de cabra e tomate Aqueça um pouco de azeite em uma frigideira, adicione 1 cebola picada e frite em fogo baixo até ficar macia. Junte 1 dente de alho picado e 400 g de tomates pelados em lata e cozinhe em fogo brando por 15 minutos. Enquanto isso, cozinhe 400 g de penne até ficar *al dente*. Amasse 100 g de queijo de cabra macio em uma tigela. Acrescente um pouco do tomate aquecido e mexa até derreter o queijo. Adicione 150 g de folhas de espinafre picadas, 75 g de azeitonas pretas picadas ao molho de tomate restante e, em seguida, o queijo derretido. Escorra o penne, retorne-o à panela e então incorpore o molho. Sirva com um pouco mais de queijo de cabra amassado, se preferir.

30 Tagliatelle com anchovas, abobrinhas e costeletas de cordeiro

4 porções

25 g de manteiga
50 ml de azeite, mais um pouco para pincelar
4 dentes de alho amassados
8 filés de anchova em conserva escorridos
folhas de 1 ramo de alecrim bem picadas
1 abobrinha em fatias finas
8 costeletas de cordeiro
400 g de tagliatelle
um punhado de salsa picada
sal e pimenta-do-reino moída na hora

- Derreta a manteiga em uma panela pequena, junte o azeite e o alho e frite em fogo baixo por 5 minutos. Adicione as anchovas e o alecrim e refogue por mais alguns minutos, amassando as anchovas com as costas de uma colher, até desmancharem.
- Aqueça bem uma frigideira canelada. Pincele as fatias de abobrinha com um pouco de azeite e grelhe por 3 minutos de cada lado, até dourarem. Mantenha-as aquecidas em um prato. Pincele as costeletas de cordeiro com um pouco de azeite e tempere. Grelhe por 5-7 minutos de cada lado, até ficarem cozidas e ligeiramente tostadas.
- Cozinhe o tagliatelle em uma panela grande com água fervente e sal, até ficar *al dente*. Escorra, reservando um pouco da água do cozimento, e retorne-o à panela. Incorpore o alho e o azeite de anchovas, usando a água reservada para soltar a massa, se necessário. Adicione as abobrinhas e a salsa. Distribua as porções com as costeletas de cordeiro e sirva.

---

10 **Tagliatelle rápido com abobrinhas e anchovas** Cozinhe e escorra o tagliatelle como acima. Enquanto isso, aqueça um pouco de azeite em uma frigideira, adicione 2 dentes de alho picados e frite por 30 segundos. Adicione 6 filés de anchovas escorridos e refogue por mais 2 minutos, amassando-os com as costas de uma colher. Acrescente 50 ml de creme de leite fresco e deixe esquentar. Rale 2 abobrinhas e incorpore à massa com o molho. Sirva imediatamente.

20 **Tagliatelle com cordeiro e pimentão vermelho ao molho de anchovas** Corte 300 g de costeletas de cordeiro em fatias finas. Aqueça um pouco de azeite em uma frigideira, adicione o cordeiro e frite em fogo alto até dourar por inteiro e ficar cozido. Retire da frigideira e reserve. Adicione o alho e as anchovas e refogue como acima. Enquanto isso, cozinhe e escorra o tagliatelle. Corte um pimentão vermelho assado em conserva em fatias finas e incorpore à massa com o cordeiro frito e o azeite de anchovas. Sirva imediatamente.

20 Espaguete com tamboril, mexilhões e erva-doce

4 porções

3 colheres (sopa) de água fervente
½ colher (chá) de açafrão
15 g de manteiga
1 bulbo de erva-doce fatiado
50 ml de vinho branco seco
450 g de mexilhões limpos
150 g de creme de leite fresco
1 colher (sopa) de azeite
300 g de filé de tamboril sem espinhas e cortado em fatias de 1,5 cm
400 g de espaguete
sal e pimenta-do-reino moída na hora
folhas de estragão picadas, para finalizar

- Em uma tigela refratária, coloque a água fervente sobre o açafrão e deixe em infusão.
- Aqueça a manteiga em uma panela grande, adicione a erva-doce e cozinhe em fogo médio por 5 minutos, até ficar macio. Acrescente o vinho, o açafrão com a água e, em seguida, os mexilhões. Tampe e cozinhe por 5 minutos, até os mexilhões se abrirem. Descarte os que permanecerem fechados. Misture o creme de leite fresco e tempere.
- Enquanto isso, aqueça o azeite em uma frigideira antiaderente, adicione os filés de tamboril e frite em fogo alto por 3 minutos de cada lado, ou até cozinharem. Incorpore com cuidado o tamboril ao molho de mexilhões.
- Enquanto o molho de mexilhões apura, cozinhe o espaguete em uma panela grande com água fervente e sal, conforme as instruções da embalagem, até ficar *al dente*. Escorra, reservando um pouco da água do cozimento. Incorpore ao molho de mexilhões, adicionando um pouco da água reservada, se necessário, e tempere.
- Finalize com estragão salpicado.

10 Espaguete rápido com tamboril

Grelhe em chapa aquecida o tamboril por 3-5 minutos de cada lado. Enquanto isso, cozinhe e escorra o espaguete como acima. Incorpore ao tamboril com 1 tomate picado, meia pimenta vermelha picada (sem sementes, se preferir), um pouco de suco de limão e um punhado de salsa picada. Sirva imediatamente.

30 Espaguete com tamboril embrulhado em pancetta

Corte um pedaço de 400 g de tamboril ao meio, no sentido do comprimento, removendo as espinhas. Posicione uma metade sobre a outra e embrulhe com 8 fatias de pancetta, para mantê-las juntas. Grelhe em chapa aquecida por 7-10 minutos de cada lado, ou até o peixe ficar cozido. Enquanto isso, prepare o açafrão como acima e deixe em infusão por 10 minutos. Cozinhe e escorra o espaguete. Após o tempo de infusão, misture o açafrão com 50 ml creme de leite fresco. Corte o tamboril em fatias, adicionando os sucos do cozimento ao molho de açafrão. Incorpore o molho ao espaguete e sirva com o peixe.

30 Radiatore de verão com linguiça

4 porções

4 colheres (sopa) de azeite
6 linguiças de porco grandes
2 cebolas fatiadas
2 pimentões vermelhos e 2 amarelos sem sementes e fatiados
1 dente de alho amassado
1 colher (sopa) de purê de tomate
2 colheres (chá) de açúcar
1 colher (sopa) de vinagre balsâmico
3 tomates grandes picados
2 colheres (sopa) de água
um punhado de folhas de manjericão picadas, mais um pouco para servir
400 g de macarrão radiatore
sal e pimenta-do-reino moída na hora

- Unte uma assadeira com 1 colher (sopa) de azeite, adicione as linguiças e leve ao forno preaquecido a 200 °C por 20-25 minutos, até dourarem e cozinharem.
- Enquanto isso, aqueça o azeite restante em uma panela, junte as cebolas e frite por 5 minutos, até ficarem macias. Adicione os pimentões, o alho, o purê de tomate, o açúcar, o vinagre, os tomates e a água. Tampe e cozinhe por 15 minutos. Retire a tampa e deixe por mais 5 minutos até os pimentões ficarem macios. Tempere bem e adicione o manjericão.
- Cozinhe e escorra o radiatore em uma panela grande com água fervente e sal, conforme as instruções da embalagem, até ficar *al dente*. Escorra, reservando um pouco da água do cozimento, e retorne-o à panela.
- Fatie as linguiças em pedaços médios. Incorpore à massa com os pimentões, adicionando um pouco da água reservada para soltar, se necessário. Tempere bem. Finalize com o manjericão salpicado.

10 Fusilli de inverno com linguiça

Cozinhe meio pé de repolho cortado em fatias finas no vapor por 10 minutos. Enquanto isso, cozinhe 400 g de fusilli, conforme as instruções da embalagem, até ficar *al dente*. Escorra a massa e retorne-a à panela. Adicione o repolho, 3 linguiças defumadas fatiadas, uma colherada de manteiga e 25 g de parmesão ralado. Sirva imediatamente.

20 Radiatore à espanhola

Pincele 2 colheres (sopa) azeite sobre 4 pimentões vermelhos e grelhe em frigideira canelada (ou tipo grill) aquecida por 10 minutos, virando com frequência, até ficarem tostados. Coloque em embalagem de celofane para assados, vede bem e deixe descansar por 5 minutos. Quando os pimentões esfriarem, tire as peles tostadas, remova as sementes e fatie. Enquanto isso, cozinhe o radiatore como indicado acima. Aqueça 1 colher (sopa) de azeite em uma frigideira, adicione 150 g de linguiça cortada em pedaços e frite por alguns minutos, até chiar. Acrescente os pimentões fatiados e um pouco de água, tempere e cozinhe por mais alguns minutos. Escorra a massa e retorne-a à panela. Incorpore a linguiça e os pimentões e sirva com lascas de queijo manchego.

20 Robalo com salada morna de fregola e azeite de manjericão

4 porções
2 colheres (sopa) de azeite
4 filés pequenos de robalo sem espinhas
300 g de fregola (versão maior da sêmola de trigo)
um pouco de suco de limão-siciliano
75 g de tomates secos em conserva escorridos e picados
50 g de azeitonas pretas picadas
sal e pimenta-do-reino moída

Para o azeite de manjericão
100 ml de azeite extravirgem
um punhado grande de folhas de manjericão picadas grosseiramente
1 dente de alho

- Coloque o azeite extravirgem em uma panela pequena, adicione o manjericão e o alho e cozinhe em fogo baixo por 10 minutos. Deixe esfriar, passe o azeite aromatizado por uma peneira e reserve.
- Aqueça o azeite em uma frigideira grande antiaderente, adicione o robalo com a pele para baixo e frite em fogo alto por 5-7 minutos, até dourar e ficar crocante. Cuidadosamente, vire, tempere bem e mantenha por mais 3-5 minutos, ou até a carne ficar cozida. Corte os filés ao meio.
- Enquanto isso, cozinhe a fregola em uma panela grande com água fervente e sal, conforme as instruções da embalagem, até ficar *al dente*. Escorra bem. Incorpore 2 colheres (sopa) do azeite de manjericão, um pouco de suco de limão, os tomates e as azeitonas e tempere.
- Coloque o peixe ao lado da salada de fregola e regue com mais um pouco do azeite de manjericão.

---

10 **Fregola com azeitonas, pesto e robalo frito** Cozinhe a fregola como acima. Enquanto isso, corte 4 filés de robalo sem espinhas em tiras finas e frite em um pouco de azeite em uma frigideira por 3 minutos de cada lado ou até ficarem cozidos. Escorra a fregola e retorne-a à panela. Incorpore 4 colheres (sopa) de pesto pronto e um punhado de azeitonas pretas picadas. Distribua a fregola nos pratos com as tiras de peixe e finalize com 1 tomate picado. Sirva imediatamente.

30 **Fregola com azeitonas, tomate e robalo cozido** Coloque 1 colher (sopa) de vinagre de vinho tinto e 1 dente de alho amassado em uma tigela, acrescente 5 tomates picados e deixe marinar, pelo menos, por 20 minutos. Enquanto isso, pique 1 cebola, 1 talo de aipo e 1 cenoura e coloque em uma frigideira rasa com alguns grãos de pimenta, 1 folha de louro, 1 limão-siciliano fatiado e cerca de 1 litro de água. Deixe levantar fervura, reduza bem o fogo e cozinhe por 10 minutos. Adicione 4 filés de robalo sem espinhas e cozinhe por 10 minutos, ou até a carne ficar cozida e soltar lascas facilmente. Enquanto prepara o peixe, cozinhe e escorra a fregola como acima. Retire a pele do robalo, desfie em lascas e adicione à fregola com o vinagrete de tomates, um punhado de manjericão e azeitonas pretas picadas. Sirva imediatamente.

10 Espaguete negro com lula

4 porções

400 g de espaguete negro colorido com tinta de lula
4 colheres (sopa) de azeite, mais um pouco para servir
400 g de anéis de lula
4 dentes de alho fatiados
1 pimenta vermelha fatiada
suco de 1 limão-siciliano
um punhado de folhas de manjericão
sal e pimenta-do-reino moída

- Cozinhe o espaguete em uma panela grande com água fervente e sal, conforme as instruções da embalagem, até ficar *al dente*.
- Enquanto isso, aqueça o azeite em uma frigideira grande. Seque bem os anéis de lula, adicione à panela e frite em fogo alto por cerca de 30 segundos, até começar a dourar. Adicione o alho e a pimenta (descarte as sementes, se quiser diminuir a picância) e frite por mais alguns segundos, tomando cuidado para o alho não queimar. A lula deve estar branca e cozida. Regue com o suco de limão e tempere.
- Escorra o espaguete e retorne-o à panela. Incorpore a lula, o manjericão e um pouco de azeite. Sirva imediatamente.

20 Espaguete negro ao limão e lula

Aqueça um pouco de manteiga, adicione uma cebola pequena picada e 3 dentes de alho fatiados e frite em fogo brando até ficarem macios. Esprema o suco de 1 limão e, em fogo baixo, acrescente 50 g de manteiga gelada em cubos. Salpique um punhado de folhas de manjericão picadas e reserve. Cozinhe o espaguete como acima. Corte 8 lulas pequenas e limpas ao meio. Com a faca, crie um quadriculado sobre cada metade. Pincele um pouco de azeite e sal. Grelhe em chapa quente por 2 minutos, virando até dourar e enrolar. Escorra a massa e incorpore o molho de limão. Sirva com a lula e decore com um pouco de pimenta-calabresa em flocos e de manjericão picado.

30 Papillotes de espaguete negro com frutos do mar

Escalde o espaguete negro por 5 minutos em uma panela grande com água fervente e sal. Em seguida, esfrie em água corrente e escorra. Enquanto isso, frite a pimenta e o alho em uma panela grande, como na receita acima. Adicione 50 ml de vinho branco seco e cozinhe por alguns minutos. Acrescente 4 tomates picados, 150 g de mariscos limpos e 150 g de mexilhões limpos. Tampe e cozinhe por mais 5 minutos, até abrirem. Descarte os que permanecerem fechados. Adicione a lula preparada como acima e o espaguete. Tempere. Divida a mistura entre quatro quadrados grandes de papel-alumínio, levante as pontas e junte-as, para formar papillotes. Coloque em uma assadeira e leve ao forno preaquecido a 200 °C por 10 minutos, ou até o espaguete e a lula ficarem cozidos. Abra com uma faca (cuidado com o vapor que pode sair do interior) e sirva salpicado com folhas de manjericão.

30 Gnocchetti da Sardenha com carne de caça e castanhas

4 porções

1 colher (sopa) de azeite
6 linguiças grandes de carne de caça à sua escolha (coelho, javali, faisão etc.)
1 dente de alho bem picado
um ramo de alecrim
1 colher (chá) de purê de tomate
75 ml de vinho tinto
100 ml de caldo quente de frango ou de carne de caça
100 g de castanhas cozidas, descascadas e cortadas ao meio
400 g de gnocchetti sardi
75 ml de creme de leite fresco
sal e pimenta-do-reino moída na hora
salsa picada, para finalizar

- Aqueça o azeite em uma panela, adicione as linguiças e frite em fogo médio até dourarem por inteiro. Retire-as da panela, deixe esfriar ligeiramente, corte em pedaços médios e reserve. Adicione o alho, o alecrim e o purê de tomate à panela e cozinhe por alguns minutos, mexendo sempre.
- Acrescente o vinho tinto e deixe borbulhar até reduzir pela metade. Junte o caldo, retorne as linguiças à panela, adicione as castanhas e apure em fogo brando por 20 minutos, até as linguiças cozinharem.
- Enquanto isso, cozinhe o gnocchetti em uma panela grande com água fervente e sal, conforme as instruções da embalagem, até ficar *al dente*. Escorra, reservando um pouco da água do cozimento, e retorne-o à panela. Adicione o creme de leite fresco ao molho de linguiça e tempere. Aqueça e misture à massa, adicionando a água reservada, se necessário. Sirva com salsa picada por cima.

---

10 Fusilli com molho de castanhas e bacon Cozinhe 400 g de fusilli, conforme as instruções da embalagem, até ficar *al dente*. Enquanto isso, grelhe quatro fatias de bacon em temperatura média por 7 minutos até ficarem crocantes. Corte em pedaços médios. Aqueça um pouco de azeite em uma frigideira, adicione 1 dente de alho picado e frite por 30 segundos. Pique as castanhas grosseiramente, adicione à frigideira com 50 ml de caldo quente de frango e 50 ml de creme de leite fresco e deixe cozinhar em fogo baixo por 5 minutos. Escorra a massa e retorne à panela, então incorpore o molho de castanhas, o bacon e um punhado de salsa picada. Sirva imediatamente.

---

20 Gnocchetti com fígado de frango Corte 200 g de fígado de frango em pedaços pequenos e descarte as membranas. Aqueça um pouco de azeite em uma frigideira e frite 2 dentes de alho bem picados por 30 segundos. Acrescente o fígado e frite por mais 3 minutos, até dourar. Adicione 75 ml de vinho branco seco e cozinhe por mais alguns minutos, até o vinho reduzir. Cozinhe e escorra o gnocchetti como acima. Incorpore o molho de fígado e um punhado de parmesão ralado na hora. Sirva imediatamente.

30 Canelone de gorgonzola e couve-flor

8 porções

1 couve-flor cortada em buquês
40 g de nozes
12 folhas de lasanha fresca
200 g de cream cheese
150 g de gorgonzola
azeite ou óleo, para untar
250 g de creme de leite fresco
5 colheres (sopa) de leite
25 g de parmesão ralado na hora
sal e pimenta-do-reino moída na hora
salada de agrião, para acompanhar

- Cozinhe a couve-flor em uma panela com água fervente por 7-10 minutos. Escorra ligeiramente e retorne à panela. Bata, formando uma pasta, e deixe esfriar.
- Toste as nozes em uma frigideira pequena por 3 minutos, ou até dourar ligeiramente, depois pique-as. Em paralelo, prepare as folhas de lasanha, conforme as instruções da embalagem.
- Em uma tigela, misture a pasta de couve-flor, o cream cheese e o gorgonzola. Espalhe um pouco de recheio em cada folha de lasanha e enrole para formar os canelones. Coloque as massas recheadas em uma travessa refratária grande, untada com azeite ou óleo.
- Misture o creme de leite fresco e o leite até ficar homogêneo. Tempere e regue os canelones com esse creme. Salpique o parmesão e as nozes.
- Leve ao forno preaquecido a 200 °C por 10-15 minutos, ou até dourar e borbulhar. Sirva com salada de agrião.

---

10 Penne com couve-flor e gorgonzola Cozinhe 1 couve-flor como acima até ficar macia e adicione 500 g de penne fresco à mesma água para cozinhar até ficar *al dente*. Adicione 200 g de folhas de espinafre à panela segundos antes de escorrer. Escorra e retorne-os à panela. Misture 150 g de gorgonzola amassado e uma colherada de creme de leite fresco. Sirva.

20 Sopa de couve-flor e gorgonzola com pesto de agrião Aqueça um pouco de azeite em uma panela grande, adicione a couve-flor, preparada como acima, e 1 cebola pequena picada. Refogue em fogo baixo por 5-10 minutos até ficarem macias. Adicione 600 ml de caldo quente de legumes e deixe levantar fervura. Abaixe bem o fogo e cozinhe por 10 minutos. Retire do fogo e bata com um mixer. Retorne ao fogo e adicione uma boa colherada de creme de leite fresco e 100 g de gorgonzola amassado. Enquanto isso, cozinhe 125 g de ditalini, conforme as instruções da embalagem. Escorra e junte à sopa por 1 minuto. Bata 100 g de agrião, 25 g de nozes, 25 g de parmesão ralado na hora e 3 colheres (sopa) de azeite extravirgem no processador para formar o pesto. Sirva a sopa em tigelas individuais e finalize com uma colherada de pesto.

30 Mafaldine com molho de pato e pancetta

4 porções

3 colheres (sopa) de azeite
1 cebola bem picada
1 cenoura descascada e bem picada
1 talo de aipo bem picado
1 dente de alho amassado
1 colher (sopa) de purê de tomate
75 ml de vinho branco seco
400 g de tomates pelados em lata picados
2 tiras de casca de laranja
200 ml de água
1 folha de louro
1 ramo de tomilho
100 g de pancetta em cubos
4 coxas de pato confitadas prontas
400 g de mafaldine (ou pappardelle)
sal e pimenta-do-reino moída na hora

- Aqueça 2 colheres (sopa) de azeite em uma panela grande, adicione a cebola, a cenoura e o aipo e refogue lentamente por 5 minutos até ficarem macios. Junte o alho e o purê de tomate e cozinhe por mais 1 minuto.
- Acrescente o vinho, aumente o fogo e deixe borbulhar por alguns minutos, até reduzir, então coloque os tomates, a casca de laranja e a água. Acrescente as ervas, deixe levantar fervura e cozinhe por 15 minutos.
- Retire a panela do fogo. Remova a casca da laranja e as ervas e, com um mixer, bata para formar um molho cremoso. Retorne-o ao fogo.
- Enquanto isso, aqueça o azeite restante em uma frigideira, adicione a pancetta e frite até dourar. Usando um garfo, desfie o pato em pedaços e adicione ao molho com a pancetta e esquente em fogo brando por 5 minutos.
- Em outra panela, cozinhe a massa com água fervente e sal, conforme as instruções da embalagem, até ficar *al dente*. Escorra, reservando um pouco da água do cozimento, e retorne-a à panela. Incorpore o molho, adicionando a água reservada, se necessário. Tempere e sirva imediatamente.

10 **Mafaldine rápido com pato e pimentão vermelho** Cozinhe e escorra o mafaldine. Enquanto isso, corte 4 coxas confitadas de pato e 2 pimentões vermelhos (em conserva e escorridos) em pedaços médios. Misture o pato, os pimentões, 5 colheres (sopa) de creme de leite fresco e 125 g de agrião e a massa. Sirva imediatamente.

20 **Mafaldine fácil com confit de pato** Retire a carne de 4 coxas de pato confitadas. Aqueça um pouco de azeite em uma frigideira, adicione o pato e 2 dentes de alho bem picados e frite em fogo médio por 5 minutos até começar a chiar. Adicione 50 ml de vinho branco seco e 75 ml de caldo quente de frango e cozinhe por 10 minutos até reduzir. Misture 3 colheres (sopa) de creme de leite fresco. Enquanto isso, cozinhe e escorra o mafaldine, como na receita acima. Em seguida, misture ao molho com um grande punhado de folhas de rúcula picadas. Sirva imediatamente.

20 Cappellacci cremoso com aspargos

4 porções

400 g de macarrão cappellacci (ou farfalle)
um punhado de aspargos limpos
15 g de manteiga
1 dente de alho fatiado
150 g de cogumelos selvagens variados limpos e cortados ao meio (se forem grandes)
75 g de creme de leite fresco
sal e pimenta-do-reino moída na hora
lascas de parmesão fresco, para finalizar

- Cozinhe a massa em uma panela grande com água fervente e sal, conforme as instruções da embalagem, até ficar *al dente*. Adicione os aspargos 3 minutos antes de finalizar o cozimento.
- Enquanto isso, aqueça a manteiga em uma frigideira, adicione o alho e frite por 1 minuto, então misture os cogumelos e refogue por mais 5 minutos até ficarem macios e dourados. Junte o creme de leite fresco.
- Escorra o cappellacci e os aspargos, reservando um pouco da água do cozimento, e retorne-os à panela. Incorpore o molho de cogumelos e tempere, adicionando a água reservada para soltar, se necessário. Finalize com lascas de parmesão.

10 Linguine com aspargos à carbonara de limão Cozinhe 400 g de linguine, conforme as instruções da embalagem, até ficar *al dente*, adicionando os aspargos como acima. Enquanto isso, em uma tigela, misture 1 ovo, 3 colheres (sopa) de creme de leite fresco e suco de 1 limão. Escorra a massa e os aspargos e retorne-os à panela. Incorpore o molho e sirva imediatamente.

30 Penne ao forno com aspargos e bacon Cozinhe 350 g de penne, conforme as instruções da embalagem, até ficar *al dente*, adicionando os aspargos como acima. Enquanto isso, grelhe 5 fatias de bacon em temperatura média por 10 minutos. Deixe esfriar por 1 minuto e corte-as em pedaços pequenos. Escorra a massa e os aspargos e retorne-os à panela. Em uma tigela, misture 150 g de queijo de cabra macio com leite suficiente para fazer um molho e incorpore ao penne com o bacon. Coloque em uma travessa refratária e cubra com gruyère ralado. Leve ao forno preaquecido a 200 °C por 15 minutos, ou até dourar e borbulhar.

30 Linguine com frango cremoso ao marsala

4 porções

3 colheres (sopa) de azeite
2 filés de peito de frango
1 echalota bem picada
150 ml de vinho marsala
150 ml de caldo quente de frango
1 folha de sálvia bem picada
100 ml de creme de leite fresco
200 g de cogumelos portobello limpos e cortados ao meio, se forem grandes
400 g de linguine
sal e pimenta-do-reino moída na hora
salsa picada, para decorar

- Aqueça 1 colher (sopa) de azeite em uma frigideira. Tempere bem os filés e frite por 5-7 minutos de cada lado, até cozinhar e dourar.
- Em uma panela, aqueça 1 colher (sopa) de azeite e refogue a echalota em fogo baixo, até amolecer. Junte o vinho marsala, aumente o fogo e cozinhe por alguns minutos até reduzir e ter a consistência de um molho leve. Adicione o caldo e a sálvia e deixe em fogo brando por mais 5 minutos. Misture o creme de leite, tempere bem e mantenha aquecido.
- Fatie o frango e adicione ao molho. Coloque o restante do azeite na frigideira e refogue os cogumelos por 3-5 minutos, até dourarem por inteiro, e misture ao molho.
- Cozinhe o linguine em uma panela grande, conforme as instruções da embalagem. Escorra e retorne-o à panela. Incorpore o molho. Tempere e finalize com salsa picada.

---

10 Linguine rápido com frango ao marsala Cozinhe o linguine como acima. Enquanto isso, aqueça um pouco de manteiga em uma frigideira, adicione 1 dente de alho picado e cozinhe por 30 segundos. Acrescente os cogumelos como acima e cozinhe até dourarem. Junte 2 filés de peito de frango assados e desfiados e um pouco de vinho marsala e cozinhe por alguns minutos. Escorra a massa e retorne-a à panela. Incorpore a mistura de frango e 4 colheres (sopa) de creme de leite fresco. Sirva imediatamente.

20 Linguine com frango cozido ao marsala Coloque 2 filés de peito de frango em uma panela e adicione 100 ml de vinho marsala e caldo de frango suficiente para cobri-los. Cozinhe lentamente por 15 minutos, ou até o frango atingir o ponto. Enquanto isso, cozinhe e escorra o linguine e refogue os cogumelos como na receita acima. Corte o frango em tiras e misture à massa escorrida, com os cogumelos, um pouco do caldo do cozimento do frango (reduzido, se preferir) para soltar e um pouco de creme de leite fresco. Sirva imediatamente.

30 Maccheroni com camarão gratinado

6 porções

3 gemas
suco de 1 limão-siciliano
200 g de manteiga derretida
100 ml de creme de leite fresco
625 g de maccheroni (ou outra massa pequena e tubular)
3 colheres (sopa) de azeite
3 alhos-porós limpos e fatiados
300 g de camarões grandes descascados e cozidos
sal e pimenta-do-reino moída na hora

- Coloque as gemas em uma tigela refratária que se encaixe em uma panela com água bem quente para cozinhar em banho-maria. Adicione a maior parte do suco de limão e, bem lentamente, comece a derramar a manteiga, mexendo o tempo todo. Conforme a manteiga for engrossando o molho, adicione um pouco mais rápido. Quando o molho ficar com consistência de maionese, retire da panela. Deixe esfriar, tempere bem e adicione mais suco de limão. Bata o creme de leite até quase o ponto de chantilly e, com cuidado, incorpore ao molho.
- Enquanto isso, cozinhe a massa em uma panela grande com água fervente e sal, conforme as instruções da embalagem, até ficar *al dente*.
- Aqueça o azeite em uma panela, adicione o alho-poró com um pouco de água e refogue em fogo brando por cerca de 7 minutos, até começar a amaciar. Adicione os camarões e mantenha por 2 minutos.
- Escorra a massa e retorne-a à panela. Incorpore o molho, o alho-poró e os camarões e tempere. Distribua as porções e leve ao forno preaquecido em temperatura alta por 3-5 minutos, ou até dourar por inteiro.

---

10 Chifferi rápido com camarão e alho-poró Refogue o alho-poró e o camarão como acima. Enquanto isso, cozinhe 625 g de chifferi, conforme as instruções da embalagem, até ficar *al dente*. Escorra e retorne-o à panela. Incorpore a mistura de camarão, 5 colheres (sopa) de creme de leite e um pouco de suco de limão-siciliano. Finalize com manjericão picado.

20 Fusilli com molho tropical de camarão
Aqueça um pouco de azeite em uma frigideira grande, adicione 1 dente de alho picado e meia pimenta vermelha picada (sem semente, se preferir) e refogue por 30 segundos até dourar. Adicione 3 alhos-porós limpos e fatiados e frite por mais 5 minutos. Acrescente 400 g de tomates pelados em lata picados e 100 ml de caldo quente de legumes ou peixe e cozinhe por 10 minutos, até os tomates ficarem macios, e o caldo, reduzir. Adicione as raspas e o suco de 1 limão e 100 ml de creme de leite fresco. Mantenha em fogo brando por mais 1-2 minutos, junte 300 g de camarões grandes cozidos e sem casca e deixe aquecer. Cozinhe 625 g de fusilli, conforme as instruções da embalagem. Escorra e retorne-o à panela. Incorpore o molho e um punhado de folhas de manjericão picadas.

20 Casareccia com salmão, rúcula e cebola roxa

4 porções

400 g de macarrão casareccia (ou penne, ou outra massa pequena tubular)
100 ml de vinho branco seco
150 ml de creme de leite fresco
250 g de salmão defumado cortado em tiras
75 g de folhas de rúcula
½ cebola roxa em fatias finas
raspas de ½ limão-siciliano
2 colheres (chá) de alcaparras escorridas
sal e pimenta-do-reino moída na hora

- Cozinhe a massa em uma panela grande com água fervente e sal, conforme as instruções da embalagem, até ficar *al dente*.
- Enquanto isso, aqueça o vinho em uma panela até ferver, reduza bem o fogo e aqueça por 5 minutos. Adicione o creme de leite fresco, tempere e apure por alguns minutos.
- Escorra o casareccia, reservando um pouco da água do cozimento, e retorne-o à panela. Incorpore o molho, adicionando um pouco da água reservada para soltar, se necessário. Junte o restante dos ingredientes, tempere e sirva imediatamente.

---

10 Salada de orzo com salmão, rúcula e cebola roxa Cozinhe 300 g de orzo (ou risoni). Esfrie em água corrente e escorra. Enquanto isso, em uma tigela misture 2 colheres (sopa) de iogurte natural, 4 colheres (sopa) de maionese e bastante pimenta-do-reino. Coloque o orzo em uma travessa e incorpore o creme de leite fresco com o salmão defumado, a rúcula, a cebola, as raspas de limão e as alcaparras, como descrito na receita acima.

30 Casareccia com salmão assado no mel Regue 2 filés grossos de salmão com 1 colher (sopa) de mel e uma boa pitada de pimenta-do-reino moída na hora. Coloque no forno preaquecido a 200 °C por 12-15 minutos, ou até cozinhar o peixe e soltar lascas com facilidade. Enquanto isso, cozinhe o casareccia como acima. Aqueça um pouco de azeite em uma frigideira, adicione 1 cebola roxa picada e refogue até amolecer. Acrescente 75 ml de vinho branco seco e mantenha em fogo brando até reduzir. Adicione 1 colher (chá) de mostarda de Dijon, as raspas de meio limão e 75 ml de creme de leite fresco e aqueça. Escorra a massa e retorne-a à panela. Retire a pele e as espinhas do salmão, desfie em lascas e adicione ao molho. Incorpore o molho à massa com 75 g de folhas de rúcula e sirva imediatamente.

30 Fettuccine cremoso com lagosta

2 porções

25 g de manteiga
2 echalotas bem picadas
1 colher (chá) de purê de tomate
1 lagosta grande cozida
2 colheres (sopa) de brandy
150 ml de vinho madeira
75 ml de creme de leite fresco
1 gema
uma pitada de pimenta-de-caiena
200 g de fettuccine
sal e pimenta-do-reino moída na hora
folhas de estragão picadas, para finalizar

- Aqueça a manteiga em uma frigideira grande, adicione as echalotas e frite em fogo brando até amolecerem. Junte o purê de tomate e cozinhe por 1 minuto. Enquanto isso, retire a carne da lagosta da casca e corte a cauda ao meio. Adicione a casca da lagosta à frigideira e frite por 5-10 minutos até tostar.
- Retire a panela do fogo e adicione o brandy. Retorne ao fogo e deixe ferver bem até reduzir. Acrescente o vinho e deixe apurar por 5-10 minutos, até reduzir à metade. Passe por uma peneira, pressionando bem para extrair os caldos.
- Retorne o molho à panela. Misture em uma tigela o creme de leite fresco, a gema e a pimenta-de-caiena. Adicione uma colher (sopa) do molho à mistura cremosa para aquecer um pouco e despeje o creme todo na panela. Aqueça, sem deixar ferver, e acrescente a carne da lagosta.
- Enquanto isso, cozinhe o fettuccine em uma panela grande com água fervente e sal, conforme as instruções da embalagem, até ficar *al dente*. Escorra, reservando um pouco da água do cozimento, e retorne-o à panela. Incorpore bem o molho à massa, adicionando um pouco da água reservada, se necessário. Tempere.
- Sirva com a cauda da lagosta e salpicado com o estragão.

---

10 Fettuccine rápido com lagosta

Cozinhe, escorra e retorne o fettuccine à panela. Incorpore 200 g de lagosta comprada pronta, 1 gema e um punhado de folhas de estragão picadas. Sirva imediatamente.

20 Salada de orzo com lagosta

Cozinhe 200 g de orzo (ou risoni), conforme as instruções da embalagem. Esfrie em água corrente e escorra. Em uma tigela, misture 3 colheres (sopa) de maionese, 3 colheres (sopa) de creme de leite fresco com gotas de limão (sour cream), as raspas e o suco de meio limão, 1 cebola pequena bem picada, um punhado de folhas picadas de estragão e cebolinha e a carne desfiada de 1 lagosta cozida. Coloque o orzo em uma travessa e junte o molho de lagosta e um punhado de folhas de rúcula.

30 Pappardelle com castanhas, presunto cru e rúcula

4 porções

75 ml de azeite, mais um pouco para finalizar
6 folhas de sálvia
casca de ½ limão-siciliano cortada em tiras
100 g de castanhas cozidas, descascadas e cortadas ao meio, se preferir
400 g de pappardelle
suco de ½ limão-siciliano
50 g de folhas de rúcula
150 g de presunto cru
sal e pimenta-do-reino moída na hora

- Coloque o azeite em uma panela média, adicione as folhas de sálvia e as raspas de limão e aqueça lentamente por cerca de 10 minutos. Adicione as castanhas e refogue lentamente por mais 10 minutos. Retire do fogo e reserve por 10 minutos.
- Enquanto isso, cozinhe o pappardelle em uma panela grande com água fervente e sal, conforme as instruções da embalagem, até ficar *al dente*. Escorra.
- Remova as cascas do limão e as folhas de sálvia do azeite e incorpore-o com as castanhas ao macarrão.
- Distribua nos pratos, enfeite com a rúcula e o presunto cru. Sirva imediatamente com um pouco de suco de limão em cada porção.

---

10 Pappardelle simples com castanhas e presunto cru Cozinhe e escorra o pappardelle como acima. Enquanto isso, aqueça um pouco de azeite em uma frigideira, adicione o presunto cru e frite. Retire da frigideira e coloque as castanhas preparadas como indicado acima e 1 dente de alho fatiado. Refogue por mais 3 minutos até dourar. Esprema o suco de 1 limão, acrescente as raspas e incorpore à massa com o presunto cru, cortado em pequenos pedaços. Sirva salpicado com salsa.

20 Pappardelle com molho cremoso de castanhas e cogumelos Hidrate 25 g de cogumelos porcini em um pouco de água fervente por 15 minutos até ficarem macios. Enquanto isso, aqueça um pouco de manteiga em uma frigideira, adicione uma cebola pequena picada e frite lentamente até amolecer. Acrescente 50 ml de vinho marsala e deixe ferver até reduzir. Adicione 150 ml de caldo quente de frango e as castanhas preparadas como indicado acima e cozinhe em fogo brando por 10 minutos até ficarem macias. Enquanto prepara o molho, cozinhe e escorra o pappardelle. Misture os cogumelos e o líquido da hidratação ao molho, cozinhe por mais alguns minutos, adicione 50 ml de creme de leite fresco e incorpore à massa escorrida. Finalize com presunto cru.

30 Cannelli cremoso com tomate e camarão

4 porções

25 g de manteiga
1 cebola bem picada
1 talo de aipo bem picado
1 dente de alho bem picado
1 colher (chá) de erva-doce
150 ml de vinho branco seco
1 colher (sopa) de brandy
400 g de tomates pelados em lata picados
1 ramo de tomilho
1 folha de louro
50 ml de creme de leite fresco
400 g de cannelli (ou penne)
1 colher (sopa) de azeite
8 camarões grandes crus e com casca
sal e pimenta-do-reino moída na hora
folhas de manjericão picadas, para finalizar

- Aqueça a manteiga em uma panela, adicione a cebola, o aipo, o alho e refogue em fogo baixo até tudo ficar macio. Adicione a erva-doce e cozinhe por mais 30 segundos.
- Retire do fogo e junte o vinho e o brandy, cozinhe tudo em fogo alto por mais alguns minutos até reduzir. Adicione os tomates e as ervas e deixe em fogo brando por 15-20 minutos, adicionando água, se necessário.
- Retire a panela do fogo, descarte as ervas e, com um mixer, bata até formar um molho homogêneo. Misture o creme de leite e tempere. Cozinhe a massa em uma panela grande, conforme as instruções da embalagem, até ficar *al dente*.
- Aqueça o azeite em uma frigideira grande, adicione os camarões e frite por 3 minutos de cada lado, ou até ficarem rosados e cozidos.
- Escorra o cannelli, reservando um pouco da água. Incorpore o molho, adicionando a água reservada para soltar, se necessário. Sirva as porções com os camarões e o manjericão salpicado.

---

10 Espaguete simples com tomate e camarão

Cozinhe 400 g de espaguete, conforme as instruções da embalagem, até ficar *al dente*. Enquanto isso, grelhe os camarões em uma chapa preaquecida por cerca de 3-5 minutos, ou até ficarem rosados e cozidos. Escorra a massa e retorne-a à panela. Adicione os camarões, 50 g de manteiga de alho, 2 tomates picados e as raspas de 1 limão. Sirva imediatamente.

20 Cannelli com tomate e camarão

Aqueça um pouco de azeite em uma frigideira grande, adicione 1 colher (chá) de erva-doce e 2 dentes de alho fatiados e refogue por 30 segundos. Acrescente 400 g de tomates mascote cortados ao meio, um pouco de vinho branco seco e um pouco de água e cozinhe em fogo brando por 10 minutos. Misture os camarões como indicado acima e cozinhe por 3-5 minutos, ou até ficarem rosados e cozidos, então adicione 50 g de mascarpone. Enquanto isso, cozinhe e escorra o cannelli. Incorpore o molho de camarão com um punhado de manjericão picado. Sirva imediatamente.

30 Tagliatelle com bife grelhado e molho goulash

4 porções

2 colheres (sopa) de azeite
1 cebola em fatias finas
1 pimentão vermelho sem sementes e picado
1 colher (sopa) de páprica defumada
400 g de tomates pelados em lata picados
2 bifes grossos
325 g de tagliatelle
50 ml de creme de leite fresco com gotas de limão (sour cream)
sal e pimenta-do-reino moída na hora

- Aqueça 1 colher (sopa) de azeite em uma panela grande, adicione a cebola e refogue lentamente até ficar macia. Acrescente o pimentão e refogue por mais 5 minutos. Adicione a páprica, os tomates e tempere bem. Reduza bem o fogo e cozinhe por 15 minutos.
- Aqueça bem uma frigideira. Pincele o azeite restante nos bifes e tempere bem. Grelhe por 2-4 minutos de cada lado, dependendo do ponto que desejar. Deixe descansar por 5 minutos e corte em pedaços médios.
- Cozinhe o tagliatelle em uma panela grande, conforme as instruções da embalagem, até ficar *al dente*. Escorra, reservando um pouco da água, e retorne-o à panela.
- Misture a carne fatiada e metade do sour cream ao molho de tomate. Incorpore à massa, adicionando um pouco da água reservada para soltar, se necessário. Sirva as porções e finalize com uma colherada do sour cream restante.

---

10 Tagliatelle rápido com carne salteada e pimentão vermelho Aqueça um pouco de azeite em um wok, adicione 1 dente de alho picado e 300 g de carne em tiras e salteie por 1-2 minutos. Adicione uma pitada de pimenta-calabresa em flocos, 125 g de tomates-cereja cortados ao meio e 1 pimentão vermelho em conserva escorrido e picado. Acrescente um pouco de água e deixe em fogo alto até alcançar o ponto. Cozinhe e escorra o tagliatelle como indicado acima. Incorpore o refogado de carne e finalize com iogurte natural.

20 Tagliatelle com filé selado e molho à pizzaiola Aqueça um pouco de azeite em uma frigideira, adicione 300 g de contrafilé e frite em fogo alto por 5 minutos, até ficar totalmente selado. Retire da panela e deixe descansar. Adicione 400 g de tomates pelados em lata picados, 1 dente de alho amassado, 1 colher (chá) de orégano e um punhado de azeitonas pretas picadas à panela e apure por cerca de 10 minutos, até engrossar. Enquanto isso, cozinhe e escorra o tagliatelle como acima. Corte a carne em fatias, misture ao molho e incorpore à massa escorrida. Sirva imediatamente.

30 Ravioloni de batata-doce com manteiga de sálvia e amaretti

4 porções

1 folha de massa fresca ou 24 rodelas de massa de guioza ou wantan
farinha de trigo, para polvilhar
1 gema, para pincelar
2 biscoitos amaretti esfarelados

Para o recheio

3 batatas-doces pequenas descascadas e picadas
40 g de parmesão fresco ralado na hora
noz-moscada ralada
sal e pimenta-do-reino moída na hora

Para a manteiga de sálvia

50 g de manteiga
8 folhas de sálvia

- Para fazer o recheio, cozinhe a batata-doce em uma panela grande com água fervente por 10 minutos, ou até ficar macia, e escorra bem. Deixe esfriar ligeiramente. Em uma tigela, misture com o parmesão, a noz-moscada e tempere.
- Para fazer os raviolonis, estique a folha de massa em uma superfície limpa ligeiramente enfarinhada e corte 12 quadrados de 3 cm e 12 de 4 cm. Coloque uma colher (sopa) cheia do recheio no centro dos quadrados menores e pincele um pouco de ovo nas bordas. Pincele as bordas dos quadrados maiores e coloque-os sobre o recheio. Pressione suavemente para tirar o excesso de ar e sele as bordas com os dedos. Coloque os raviolonis em uma assadeira ligeiramente enfarinhada. Repita o processo com todos os quadrados.
- Cozinhe a massa em duas levas, em uma panela grande com água fervente e sal por 3 minutos. Escorra, reservando um pouco da água do cozimento.
- Para a manteiga de sálvia, aqueça a manteiga em uma frigideira pequena até espumar. Adicione a sálvia e cozinhe por 1 minuto. Misture 3-4 colheres (sopa) da água reservada para formar um molho. Arrume os raviolonis nos pratos e regue com o molho. Sirva salpicado com o biscoito amaretti.

---

10 Penne fácil com batata-doce e sálvia Cozinhe a batata-doce como indicado acima, adicionando 400 g de penne à panela, até ficar *al dente*. Escorra, retorne-o à panela e misture um punhado de folhas de sálvia picadas, 25 g de manteiga e 25 g de parmesão ralado. Sirva imediatamente.

20 Penne com batata-doce e amêndoas Corte 2 batatas-doces descascadas e pincele com azeite. Grelhe em chapa preaquecida à temperatura média por 10-15 minutos, ou até ficarem douradas e macias. Enquanto isso, cozinhe 400 g de penne, conforme as instruções da embalagem, até ficar *al dente*. Coloque 100 g de amêndoas e 50 ml de água no processador e bata até formar uma pasta. Aqueça 25 g de manteiga em uma frigideira, adicione a pasta e cozinhe por 3-5 minutos até engrossar. Adicione 25 g de parmesão fresco ralado e um pouco de suco de limão e cozinhe. Escorra a massa, retorne-a à panela e incorpore o molho de amêndoas e a batata-doce. Sirva imediatamente.

Índice

As páginas em *itálico* referem-se às fotos